Les outils IMMO-SUCCÈS

des professionnels du courtage immobilier

selon

La méthode Immo-Succès

Sylvia Perreault

Courtier immobilier agréé

LES ÉDITIONS
IMMO-SUCCÈS

Catalogage avant publication de Bibliothèque et Archives nationales du Québec
et Bibliothèque et Archives Canada

Perreault, Sylvia, 1959-

Les outils Immo-succès : tous les formulaires, lettres types, procédures et méthodes
pratiques pour travailler efficacement!

(La méthode Immo-succès)
"Un complément aux livres: Agent immobilier: du rêve à la réalité! et Agent immobilier:
la réalité aux rêves!".

ISBN 978-2-9810117-2-5

1. Immobilier - Formulaires. 2. Immobilier - Documents et correspondance. 3.
Modèles de lettres. I. Perreault, Sylvia, 1959-   . Agent immobilier. II. Titre.

HD319.Q8P47 2007 Suppl.   333.33023/714   C2007-942516-X

1. Affaires. 2. Immobilier. 3. Éducation. 4. Succès. 5. Motivation.
I. Titre. II. Collection. Immo-Succès

© 2007, Les éditions Immo-Succès, Sylvia Perreault
Tous droits réservés
www.immo-succes.com
Imprimé au Canada

Dépôt légal
Bibliothèque nationale et archives du Québec, 2007
Bibliothèque nationale et archives du Canada, 2007

Couverture, infographie : Betty Morin, CORAIL COMMUNICATION DESIGN INC.
Correction et révision : France Barabé, Josée Martin

Du même auteur, chez le même éditeur

Agent Immobilier: du rêve à la réalité!   Tome I
*

Agent Immobilier: de la réalité aux rêves!   Tome II
*

Une montagne

Une montagne, vue de loin, est invitante.
Une montagne, vue de ses pieds, est immense.
Une montagne, vue à mi-chemin, est exténuante.
Une montagne, vue de son sommet, est exaltante.

Sylvia Perreault
St-Côme, Québec 2006

Les raisonnables ont duré,
les passionnés ont vécu.

Nicolas De Chamfort, 1741-1794

Le poids véritable d'une passion se mesure
aux sacrifices et à l'audace que l'on est prêt
à mettre dans la balance.

Robert Charlebois, 1944-

Table des matières

Bonne lecture et organisation!

Outils, formulaires et feuilles de travail utiles

« Parfois, les seules impossibilités de la vie
sont seulement dans ta tête.»
Auteur inconnu

« Il est plus facile de dire que de faire. »

Mythes

« Au fur et à mesure de mes besoins, je vais concocter mes formulaires. »

« Mon courtier devrait me fournir ces précieux outils, non?»

«Dans cette profession, personne ne donne ses trucs et formulaires aux autres!»

La réalité

Pendant toute ma carrière, j'ai développé beaucoup d'outils afin de me faciliter la vie. Ce sont surtout des formulaires et des feuilles de route qui me permettent de travailler efficacement. À cette époque (pas si lointaine !), les agents ne divulguaient jamais leurs méthodes de travail et ne partageaient encore moins leurs formulaires! Il fallait les concevoir soi-même ou certains courtiers en donnaient quelques copies, mais ils étaient souvent dépassés et à refaire. Le plus cocasse dans tout ça est que certains de ces formulaires ont souvent été oubliés au photocopieur, et d'autres m'ont carrément été donnés par des clients qui les avaient obtenus de leurs anciens agents! Donc, morale de cette histoire: ils finissent toujours par être connus et partagés! A l'image de mes deux volumes, vous comprendrez que cela me rend très heureuse de voir des agents qui appuient leur travail avec les outils et formulaires que j'ai trouvés et conçus. Alors, je me suis dis, pourquoi ne pas en faire un recueil complet et accessible pour tous? Notre profession ne peut qu'en sortir gagnante!

De plus, j'ai vite constaté que je ne pouvais écrire sur l'art du métier d'agent immobilier sans ajouter pour vous ce recueil d'outils qui vous sera si utile. Complément idéal, il vous aidera à assimiler et surtout à mettre immédiatement en pratique plusieurs thèmes et trucs pratiques expliqués dans les 2 tomes tel que le plan d'affaires, le budget, les procédures et, finalement, les lettres types aux clients et aux autres intervenants du milieu. Auparavant, j'aurais moi-même payé très cher pour obtenir une copie de ce genre de documents, sachant qu'ils me faciliteraient tant la vie et démontreraient un grand professionnalisme dans mon travail d'agent.

Certains formulaires ont été conçus pour répondre à mes attentes et besoins par mes adjointes que je remercie sincèrement pour leur efficacité et leur sens de l'organisation incomparables. Ces formulaires, leur ont permis de faire un suivi efficace de mes actes et procédures qui ne sont pas toujours évidentes à suivre dans le feu de l'action. De plus, à l'aide de ces formulaires, j'ai formé les nouveaux agents que je parraine et les adjointes qui se sont succédés au fil des ans. Si je dois engager une nouvelle adjointe, il sera facile pour elle d'apprendre rapidement et de suivre les procédures écrites de mon équipe en ouvrant un dossier de mes inscriptions ou de une de mes ventes. En effet, grâce à ces formulaires, nous savons tous et toujours quels sont les actions et les suivis qui ont été faits et à quelle étape nous sommes rendus. Donc, par le fait même, je suis constamment au fait de son dossier lorsqu'un client m'appelle. Ils deviennent un aide-mémoire précieux pour suivre toutes les étapes de mes transactions et ainsi rester très professionnelle. Ils m'ont garanti une uniformité des standards de qualité des services offerts à mes clients.

Sans oublier que les consommateurs se sentent en confiance lorsqu'ils constatent que je suis très bien organisée.

Trucs et astuces

J'aime toujours conserver un double de chacun des formulaires que j'ai remplis avec mes clients. Ainsi, au besoin, je peux les rassurer s'ils ont des questions. Ce double devient une preuve qui m'indique que, j'ai donné toute l'information et bien pris le temps de tout expliquer aux clients, car comme consommateurs vivant la plus grosse transaction de leur vie, c'est souvent une étape très émotive. De ce fait, ils ont la mémoire bien courte en rapport avec les explications que je leur transmets!

Équipez-vous de ces formulaires et préparez-en à l'avance des copies avec votre en-tête de lettre personnalisée. Achetez du papier carbone pour vous garder un double, lorsque nécessaire. Ayez-en en réserve partout!

À la photocopie, surligner en jaune... ça ne se voit pas!

Un autre truc pratique pour votre réserve de formulaires, faites sur la dernière copie de la pile, un gros cercle (ou un ¨O¨) avec un marqueur fluorescent jaune. De cette façon, vous serez assuré de ne pas utiliser votre dernière copie originale et vous serez en mesure de vous en photocopier de nouveaux avec celui-ci. N'utilisez qu'un marqueur jaune, car c'est la seule couleur qui ne paraît pas lorsqu'on fait des photocopies.

Pour vous permettre de vous y retrouver, j'ai regroupé ces formulaires par ordre logique selon le processus et ordre d'utilisation, et ce, à chacune des étapes de la transaction.

Ils deviendront pour vous, je l'espère, un aide-mémoire précieux pour suivre toutes les étapes de vos transactions et ainsi rester très professionnel!

Amusez-vous bien avec ces outils qui seront, je l'espère à la hauteur de votre Immo-succès^{mc}!

Amicalement,

Sylvia Perreault
Présidente
IMMO-SUCCÈS

La méthode Immo-Succès

Les 15 fondements d'Immo-Succès^{MC}

1. Révisez votre budget et plan d'affaire à tous les débuts d'année.

2. Votre taux de rétribution est non négociable.

3. Vous êtes incontestablement intègre et professionnel.

4. Vous êtes en affaires pour faire de l'argent si bien que votre marge de profit doit être d'au moins les 2/3 de votre chiffre d'affaires.

5. Les 2/3 de votre chiffre d'affaires doit provenir de la vente de vos inscriptions. Ainsi seulement 1/3 provient des ventes faites en tant que collaborateur.

6. Les références de vos anciens clients et cercle d'influence doivent représenter, avec les années, plus de la moitié de votre chiffre d'affaires. Vous devez donc prospecter ceux-ci régulièrement, en plus de trouver de nouveaux clients pour augmenter cette banque de références.

7. Vous obtenez au moins une inscription pour deux rendez-vous d'inscription.

8. Il faut établir un minimum d'heures de prospection par semaine, soit au moins une heure par jour ou 10 contacts faits en personne.

9. Pratiquez à tous les jours travaillés vos **questions**, vos réponses, votre savoir-faire.

10. Tous les rendez-vous doivent être pré-qualifiés.

11. Il est prouvé que le plus grand nombre d'inscriptions prises par année augmentera finalement le nombre de ventes par année.

12. Embauchez une adjointe quand vous atteignez plus de succès et que vous vous sentez débordé par l'ampleur de la tâche administrative, ainsi l'excellent service que vous donnez n'en souffrira pas et vous pourrez vous concentrer sur ce qui est le plus payant pour vous, soit votre prospection.

13. Prenez obligatoirement un minimum de 2 semaines de vacances par année.

14. Assistez à au moins 2 conférences **Immo-Succès** ou activités de formations en immobilier par année.

15. Vous êtes fier d'être un agent immobilier et vous le faites savoir!

Bonne chance et rappelez-vous:

Personne ne peut déterminer plus que vous-même
l'ampleur de votre Immo-Succès!

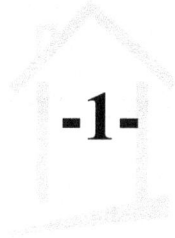

-1-

Formulaires et outils pour votre

planification organisationnelle

☑⇨ Mes dépenses d'affaires et personnelles

Ce budget, qui devrait être revu annuellement, sera maintenant la base de votre plan d'affaires. Il vous donnera l'heure juste sur les coûts personnels et professionnels. Si vous avez déjà un fond de subsistance, grâce à un revenu de retraite d'une première carrière, ou que vous êtes autosuffisant financièrement par d'autres revenus de placement, vous voudrez tout de même connaître et assurément combler vos dépenses courantes de cette nouvelle carrière. Ainsi, l'information complétée dans ce tableau demeure pertinente.

Conseil Immo-Succès!

Je risque ce que j'ai les moyens!

La méthode Immo-Succès

Mes dépenses d'affaires et personnelles

Dépenses d'affaires	Mois	Année	Dépenses personnelles	Mois	Année
Frais de gestion et Loyer du bureau			Loyer ou versements hypothécaire		
Téléphone, cell, téléavertiseur, interurbains			Impôt foncier		
Secrétariat			Chauffage		
Depenses auto, essence & assurance			Câblodistribution, location de télévision/magnétoscope		
Publicités & médias			Électricité		
Formation			Téléphone		
Installation de pancartes			Entretien & réparation		
Frais bancaires et intérêts			Frais bancaires & intérêts		
Assurances d'affaires			Assurance (personnelles & sur vos biens)		
Cotisation, associations, chambres immobilières			Réparations & services		
Frais de représentation			Alimentation (Y compris restaurant, au travail)		
Stationnement			Vêtements		
Redevance au courtier			Garde & écoles des enfants		
Frais de transactions			Pharmacie & beauté		
Frais professionnels			Cadeaux, réceptions, cinéma		
Kiosque			Nettoyage		
Impôt A payer[11]			Sports		
Divers			Divers		
Sous-total			Sous-total		
Mensualités régulières			**Mensualités régulières**		
Voiture (prêt ou location) 80%[12]			Voiture (prêt ou location) 20%		
Cartes de crédit d'affaires			Cartes de crédit		
Marge de crédit d'affaires			Prêts personnels et marge de crédit		
TOTAL			**TOTAL**		

☑⇨ Votre super plan d'affaires

Vous retrouvez, dans le premier tome, toutes les explications à ce sujet et cette grille vierge vous aidera à dresser le vôtre!

Rappelez-vous, un plan d'affaires combat l'improbabilité!

Conseils Immo-Succès!

Tout en ayant des buts élevés et à la hauteur de vos rêves, je vous recommande, tout de même, de faire un plan des plus réalistes et atteignables. Ainsi, au lieu de vous décourager tout au long de l'année sur des objectifs non-atteints et d'en être continuellement frustré et affecté dans votre confiance en vous, vous pourrez plutôt goûter à la joie et à l'énergie positive que cela vous apportera d'avoir un plan avec des objectifs atteints et même devancés!

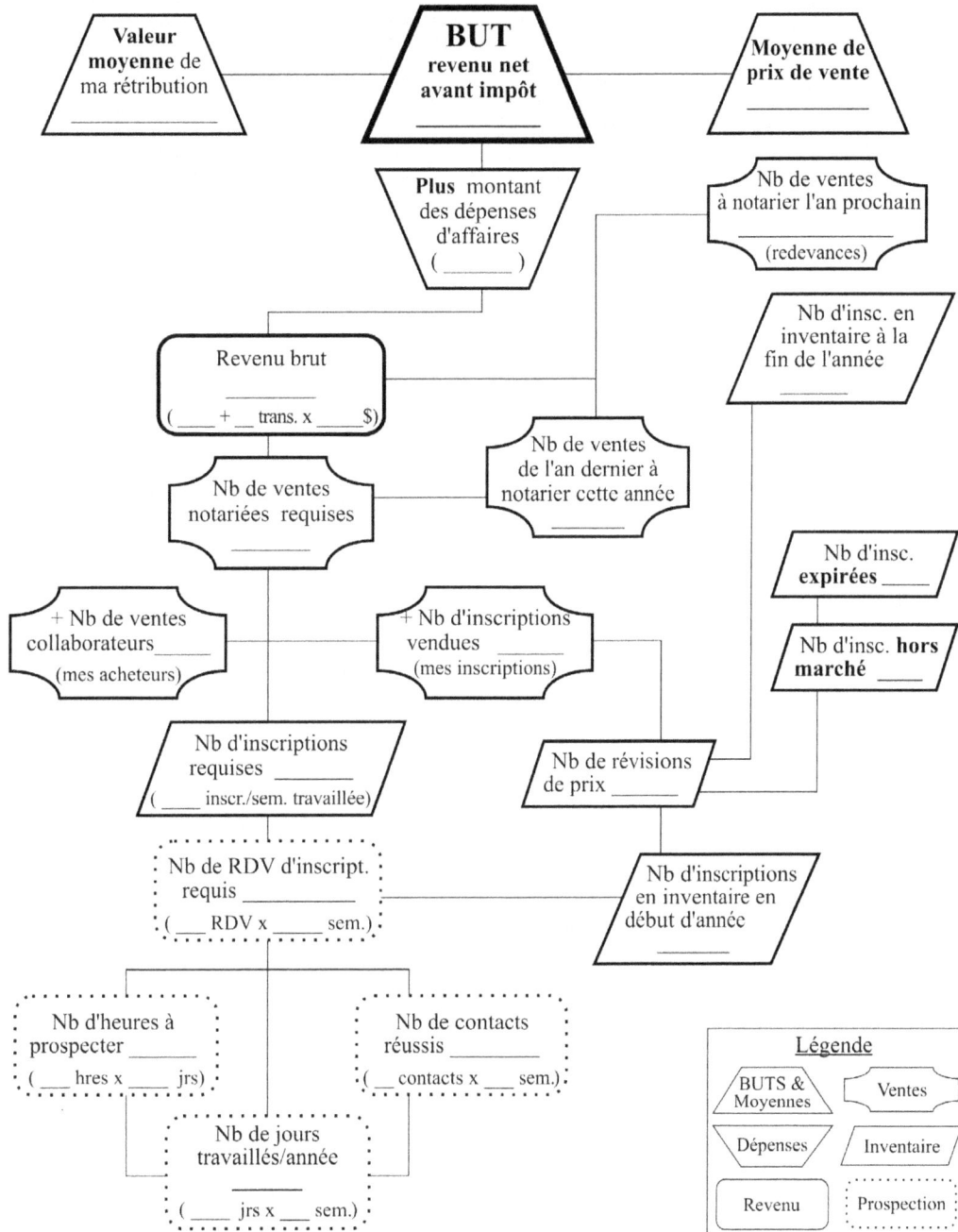

Votre super plan d'affaires! Année ____

☑⇨ **Vos ratios d'évaluation personnelle**

Tel qu'expliqué dans le tome I, il est toujours intéressant de connaître ses performances afin de pouvoir les améliorer. Voici un petit exercice pour vous aider dans ce sens!

Alors? Vous valez combien de l'heure?

Vos ratios d'évaluation personnelle

La méthode Immo-Succès

En analysant vos résultats et en calculant vos ratios, vous connaîtrez votre valeur!

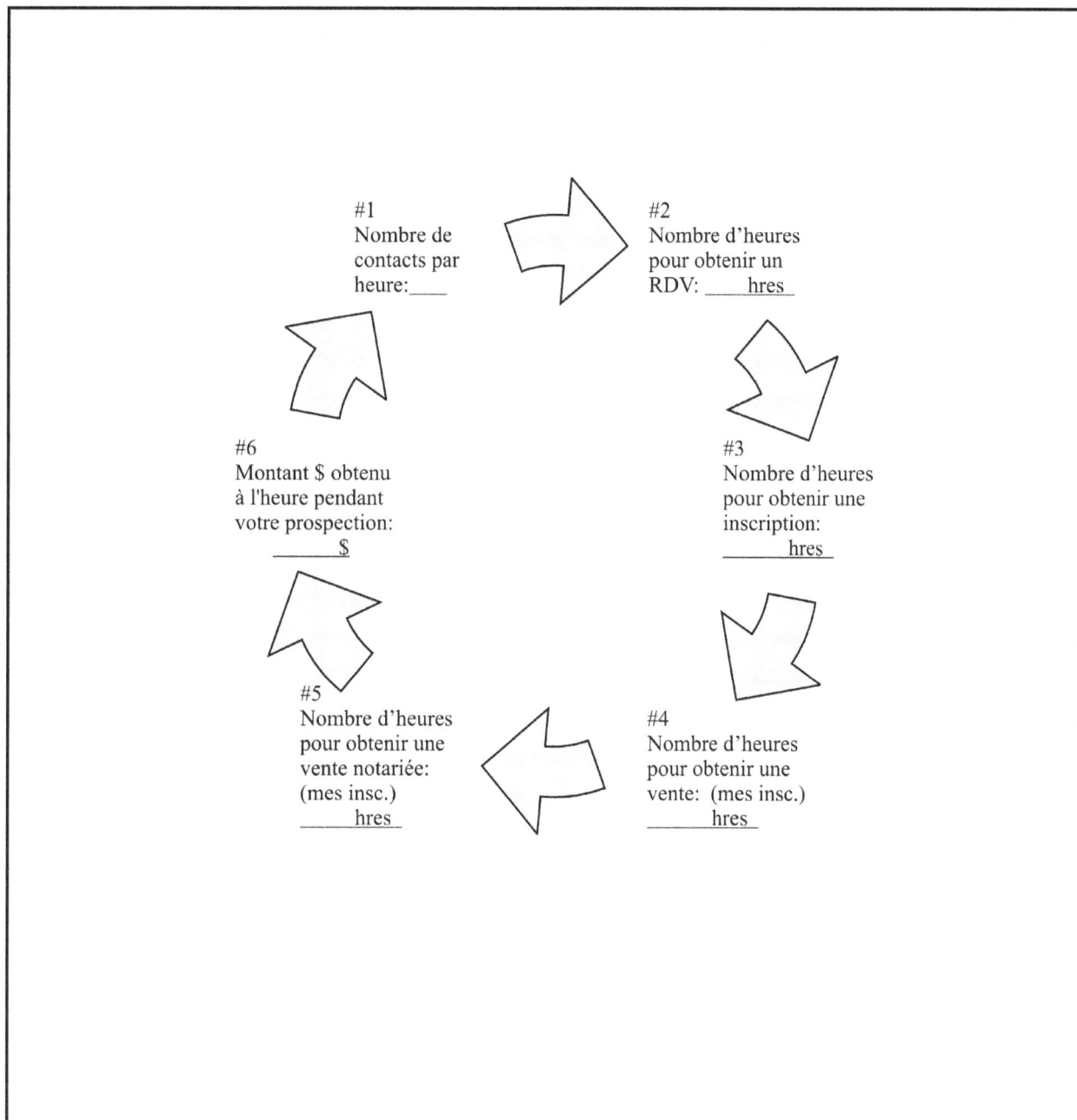

#1
Nombre de
contacts par
heure:____

#2
Nombre d'heures
pour obtenir un
RDV: ____ hres

#3
Nombre d'heures
pour obtenir une
inscription:
____ hres

#4
Nombre d'heures
pour obtenir une
vente: (mes insc.)
____ hres

#5
Nombre d'heures
pour obtenir une
vente notariée:
(mes insc.)
____ hres

#6
Montant $ obtenu
à l'heure pendant
votre prospection:
____ $

Valeur de mon temps de prospection: _____ année 20__
Félicitations!

☑⇨ Horaire d'une championne/d'un champion

Voici deux exemples d'horaire, un sans adjointe/équipe et un avec une adjointe/équipe. Vous les retrouverez également dans le tome I.

Pour personnaliser le vôtre, prenez une journée libre de votre agenda et remplissez-la avec votre idéal d'horaire personnel. Prévoyez du temps libre dans votre journée pour vos tâches, telles que: inspection, lecture de baux ou documents divers avec vos clients pour levée de conditions, rencontre avec votre banquier, etc.

Soyez souple et adaptez-vous. Un peu de liberté est permis, sinon vous ne le maintiendrez pas!

Conseil Immo-Succès!

La plus petite action vaut mieux que la plus grosse intention!

La méthode Immo-Succès

Exemple d'horaire d'une championne/d'un champion sans adjointe ou équipe:

AM

6 h 45 :   Levée, étirements et méditation.

7 h :   Déjeuner avec les membres de la famille.

7 h 30 :   Douche, habillement et affirmations personnelles.

8 h 15:   Pratique téléphonique des ¨ **Questions** ¨ [1] et des ¨**Réponses** ¨ aux objections (de mon bureau à la maison) avec des confrères enthousiastes comme moi.

8 h 45 :   Déplacement au bureau.

9 h :   SOLLICITATION

11 h :   Retour d'appels du matin.

11 h 30:   Travail administratif tel que suivi des dossiers pour régler les points en suspens, répondre aux questions litigieuses et préparation des ACM ou recherches pour vos acheteurs.

12 h :   Dîner avec partenaires d'affaires, clients ou sphère d'influence, ou tout simplement s'accorder du «temps personnel».

PM

14 h: Rendez-vous avec vendeurs/acheteurs ou préparation des dossiers à leur sujet tels que la planification des visites ou poursuivre la sollicitation et la prospection.

16 h: Retour des appels de l'après-midi et organiser la planification des appels du lendemain.

17 h: Retour à la maison, famille, relaxation.

18 h: Souper

19 h: Rendez-vous pour inscriptions, visites ou prospection, lorsque planifiés.

21 h :   Retour à la maison.

22 h :   Lecture, divertissement et bonne nuit!

---

[1] Voir le chapitre : « Les **questions** parlent pour moi ! » du tome II.

La méthode Immo-Succès

Exemple d'horaire d'une championne/d'un champion avec adjointe ou équipe:

AM

6 h 45 :   Levée, étirements et méditation.

7 h   :   Déjeuner avec les membres de la famille

7 h 30 :   Douche, habillement et affirmations personnelles.

8 h 15:   Pratique téléphonique des ¨ **Questions** 🔑 ¨[2] et des ¨**Réponses** 🔑 ¨ aux objections avec des confrères de mon bureau à la maison.

8 h 45 :   Déplacement au bureau.

9 h   :   SOLLICITATION

11 h   :   Retour d'appels du matin.

11 h 30:   Réunion avec l'assistante et les membres de l'équipe pour régler les points en suspens, répondre aux questions litigieuses et s'informer de la planification.

12 h   :   Dîner avec partenaires d'affaires clients ou sphère d'influence ou tout simplement s'accorder du « temps personnel ».

PM

14 h   :   Rendez-vous avec vendeurs/acheteurs ou préparation des dossiers à leur sujet tels que la planification des visites ou poursuivre la sollicitation et la prospection.

16 h   :   Retour des appels de l'après-midi et planification pour le lendemain avec l'adjointe.

17 h   :   Retour à la maison, famille, relaxation.

18 h   :   Souper.

19 h   :   Rendez-vous pour inscriptions, visites ou prospection, lorsque planifiés.

21 h   :   Retour à la maison.

22 h   :   Lecture, divertissement et bonne nuit!

---

[2] Voir le chapitre : « Les **questions** 🔑 parlent pour moi ! » du Tome II.

-2-

Tous les outils

dont vous avez besoin

pour la sollicitation

☑⇨ **Liste des contacts personnels**

Cette liste sert à organiser vos contacts personnels. De plus, ce formulaire est souvent utile au moment de la prospection, vous pouvez prendre des notes ou encore surligner en jaune les noms les plus susceptibles de vous référer des clients ou ceux avec qui vous devrez assurer un suivi à court terme. Cela vous aidera à toujours avoir les coordonnées des membres de votre cercle d'influence, clients-clés et contacts personnels sous la main.

Il est libre à vous d'utiliser cette liste sous format papier, car je le sais bien, maintenant nous avons tous un agenda électronique et des bases de données électroniques, telles que le logiciel ¨Prospect¨ que vous pouvez imprimer à tous les jours et en ordre alphabétique. Ceci est à votre discrétion.

Toute forme de liste de contacts vous permettra de conserver précieusement par écrit le suivi fait auprès de vos contacts personnels et membres de votre cercle d'influence. Pour ma part, je les contacte au moins quatre fois par année, dans le cadre de ma prospection. Les coordonnées de vos clients ainsi que celles de vos connaissances d'affaires seront aussi transmises à votre logiciel de données par votre adjointe avec les petites notes que vous avez prises lors de votre conversation téléphonique avec votre interlocuteur. Moi, je suis très papier quand je parle au téléphone, surtout pour résister à la tentation de jouer dans mes courriels si j'avais mon ordinateur ouvert devant moi, mais libre à vous de l'utiliser à bon escient.

La méthode Immo-Succès

Liste des contacts personnels

DONNÉES PERSONNELLES DU CONTACT			DATE ET TYPE DE CONTACT	
NOM	ADRESSE	Téléphone	Date	Suivi et notes

☑⇨ **Ma lettre « Bonne nouvelle »**

Celle-ci vous sera très utile et pourra vous inspirer lorsque votre carrière débutera, puisqu'elle a comme but de vous présenter en tant qu'agent immobilier ou encore comme moi, lorsque vous deviendrez courtier!

De plus, chaque bonne nouvelle et promotion sont communiquées à mes clients et aux membres de mon cercle d'influence par une lettre ou un courriel de ce genre.

Conseil Immo-Succès!

Petite note utile!

À partir du moment où j'envoie une lettre ou une publicité dans le but de faire de la sollicitation, il est important d'ajouter cette petite note, afin de respecter le règlement qui vous interdit de solliciter une propriété déjà inscrite : « *Si votre propriété est déjà inscrite auprès d'un autre courtier, veuillez transmettre ce message à une connaissance. Merci!* »

Vaut mieux prendre de bonnes habitudes et établir cette discipline dès le début!

La méthode Immo-Succès

(Logo) Ma compagnie X Inc.

Monsieur Le Propriétaire ou ami que je connais!

_____

_____

_____

Monsieur,

C'est avec grand plaisir que je vous annonce que je suis maintenant agent immobilier affilié. Je suis membre de l'Équipe Sylvia Perreault, des professionnels comptant plusieurs années d'expérience. En plus de posséder de nombreuses connaissances, nous vous ferons bénéficier d'un service hors pair, puisque je suis dynamique et entièrement disponible. Je suis disposé et déterminé à vous soutenir et à réaliser une étape importante de votre vie, soit l'achat ou la vente de votre propriété. C'est avec fierté que je vous offre des services de qualité et soyez assuré d'en être entièrement satisfait.

J'apprécie à l'avance la confiance que vous me témoignerez. Soyez donc assuré d'un professionnalisme qui saura vous plaire. J'espère avoir l'opportunité de vous compter parmi mes clients.

À très bientôt,

Agent « Quicommence »
Agent immobilier affilié
Ma compagnie X Inc.

_____

_____

_____

Courriel: Agent@sylviaperreault.com
Site web: www.votrecompagnie.com
(000) 000-0000

Si votre propriété est déjà inscrite auprès d'un autre courtier, veuillez transmettre ce message à une connaissance. Merci!

La méthode Immo-Succès

(Logo) Ma compagnie X Inc.

Ville, le __ mois, année

Monsieur. Le Propriétaire ou amis que je connais!

_____

_____

_____

Monsieur,

C'est avec grand plaisir que je vous annonce que je suis maintenant

AGENT IMMOBILIER AFFILIÉ
Avec l'Équipe Ma compagnie X Inc.
Le bureau est situé au _____, _____, Ville

Je suis membre de l'**Équipe Sylvia Perreault**, et j'en suis très fier. Ceci est une expérience très enrichissante pour moi de faire partie d'une équipe d'expérience et un avantage certain pour vous. Je possède un bon bagage de connaissances, je suis jeune, dynamique et entièrement disponible pour répondre à vos besoins dans les meilleurs délais. Donc, si vous décidez de *vendre* ou d'*acheter* une propriété, vous pourrez compter sur mes services de qualité et soyez assuré d'en être entièrement satisfait.

Pour souligner ce nouveau départ, j'offre une promotion débutant le 4 février et se terminant le 4 août de l'année courante. Celle-ci consiste à vous mériter un repas pour deux (2) personnes d'une valeur de 100.$ dans un restaurant réputé de notre ville. Cette offre est valable pour vous ou pour toute autre personne que vous m'aurez permis de connaître et qui conclut une transaction avec moi! J'espère avoir l'opportunité et le plaisir de vous offrir un petit cadeau pour m'avoir encouragé dans ma nouvelle carrière d'agent immobilier affilié.

J'apprécie l'importance que vous m'accorderez en pensant à moi, chaque fois que vous entendrez parler d'une propriété à vendre ou à acheter. Ainsi, n'hésitez pas à entrer en contact avec moi!

Bien à vous,

Votre nouvel agent
Agent immobilier affilié
Ma compagnie X Inc.
Courriel: Courtier@**sylviaperreault.com**
Site WEB: www.sylviaperreault.com
(XXX) XXX-XXXX

Si votre propriété est déjà inscrite auprès d'un autre courtier, veuillez transmettre ce message à une connaissance. Merci!

La méthode Immo-Succès

(Logo) Ma compagnie X Inc.

Ville, le ___ mois, année

Monsieur Le Propriétaire ou amis que je connais!

_____

_____

_____

Monsieur,

C'est avec grand plaisir que je vous annonce que je suis maintenant
COURTIER AGRÉÉ
et nouvellement affilié à l'équipe de * *Ma compagnie X Inc.* *

Mon bureau   *Ma compagnie X*   est situé au
XXXX, boul. Principal Est, bureau XXX
Ville, province

Ce nouvel emplacement est situé à quelques minutes de chez moi, ainsi je pourrai consacrer plus de temps à mes clients. Mon volume de vente n'a cessé de s'accroître et ma clientèle toujours grandissante est des plus satisfaites. Donc si vous décidiez de vendre ou d'acheter une propriété, sachez que je serai entièrement disponible pour vous offrir mes services et mon expérience.

C'est donc avec honneur et fierté que je vous informe de mon cheminement professionnel.

J'espère avoir l'opportunité de mettre en pratique mes nouveaux acquis en tant que courtier agréé et de vous rencontrer prochainement pour vous en dévoiler tous les aspects.

Au plaisir de vous servir bientôt!
Bien à vous,

Sylvia Perreault
Ma compagnie X SP
Courtier immobilier agréé
XXXX, boul. Principal Est
Bureau XXX, Quartier, Ville
Courriel : Sylvia@**sylviaperreault.com**
Site WEB: www.sylviaperreault.com
(XXX) XXX-XXXX

Si votre propriété est déjà inscrite auprès d'un autre courtier, veuillez transmettre ce message à une connaissance. Merci!

☑⇨Lettre de sollicitation

J'ai conçu au fil des ans plein de lettres de sollicitation, comme sûrement des milliers d'agents, ...et honnêtement... sans obtenir les résultats escomptés pour l'énergie que j'y ai mis. C'est impersonnel et cela ne nourrit que le bac à récupération!

Par contre, certaines lettres avec un suivi ou pour les rares cas, où par tous les moyens, je n'ai pu rejoindre au téléphone mon prospect, celles-ci m'ont tout de même donné des résultats.

Je vous les partage, mais ne vous fiez pas seulement sur ce moyen pour vous bâtir une nouvelle clientèle; car c'est dispendieux et pas suffisamment rentable. Je préfère de beaucoup, des petits mots à mes anciens clients ou sous forme de courriel ou infolettre que je leur envoie quatre fois par année pour leur donner des nouvelles. L'infolettre, en plus de communiquer des faits intéressants sur le marché immobilier ou autres points d'intérêt, me permet de garder le contact et les informer que je suis toujours là et prête à les servir!

Conseil Immo-Succès !

Dès le départ, dans votre profession, mettez à jour votre liste de contacts et bâtissez votre banque de données. D'excellents logiciels existent pour vous faciliter la tâche comme *Prospect* qui offre un logiciel en français multitâches et très pratique puisque qu'il est spécialisé pour les agents immobiliers. Vous aurez ce temps au début de votre carrière et il est plus facile de le faire avec une liste plus petite qu'avec des centaines de dossiers à mettre à jour au fil des ans.

Vaut mieux prendre de bonnes habitudes et établir cette discipline dès le début!

La méthode Immo-Succès

(Logo) Ma compagnie X Inc.

Janvier 2005

Madame, Monsieur,

J'ai remarqué que votre ***propriété était "à vendre".***

Alors, permettez-moi de me présenter et de vous faire part que je vous comprends dans votre idée d'essayer par vous-même de conclure une transaction immobilière. C'est votre maison et vous vous dites sûrement que vous êtes apte à réaliser une telle transaction, et c'est sans aucun doute que vous vous lancez seul dans ce périple de mise en marché de votre propriété.

Et voilà, le téléphone sonne, de nombreux visiteurs entrent dans votre maison, vous questionnent et ils s'en vont. Mais vous! Connaissez-vous leurs noms, ce qu'ils font dans la vie, leur capacité financière, leurs besoins, le sérieux de leur démarche, leurs idées…?

Vous arrive-t-il d'avoir cette réflexion: « Je me demande bien pourquoi ils ont visité ma maison, ils ne semblent pas sérieux et ce n'est vraiment pas pour eux »? Et voilà, vous venez tout simplement de perdre votre temps, votre sortie, votre samedi ou votre dimanche et ce qui est très précieux, ***votre intimité***.

Mon expérience en immobilier me permet de vous parler ainsi. Lorsque je travaille pour vous, à vendre votre maison, je protège, par le fait même, vos intérêts et votre temps. Alors, permettez-moi de vous rencontrer afin que vous soyez à même d'évaluer tous les efforts que je vais investir pour conclure une transaction qui respectera vos attentes. Je vous invite également à visiter mon site personnalisé au "www.sylviaperreault.com".

De plus, si une de vos connaissances a le projet de vendre ou d'acheter une propriété, pensez à moi! Je leur donnerai les mêmes services attentionnés que je réserve à tous mes clients.

Je vous remercie sincèrement à l'avance et au plaisir vous rencontrer sous peu.

Sylvia Perreault
Ma compagnie X Inc.
Agent immobilier Agréé
Adresse:
Courriel:

Si votre propriété est déjà inscrite auprès d'un autre courtier, veuillez transmettre ce message à une connaissance. Merci!

La méthode Immo-Succès

(Logo) Ma compagnie X Inc.

Le __ mois, année

** VENDU EN UNE SEULE JOURNÉE **

_____, _____, _____

** VENDU EN 30 JOURS **

_____, _____, _____

** VENDU EN 79 JOURS **

_____, _____, _____

** VENDU EN 3 MOIS **

_____, _____, _____

Madame, Monsieur,

Je me permets de solliciter votre attention, car je travaille présentement avec des clients qui recherchent une propriété dans votre secteur. Donc, si vous songez à vendre, contactez-moi sans délai.

Vous profiterez ainsi de mon expérience et de ma clientèle établie dans le quartier de _____, là où ma réputation n'est plus à faire.

J'aimerais avoir l'opportunité de vous compter parmi mes nombreux clients satisfaits.

NE CHERCHEZ PLUS, JE SUIS VOTRE AGENT !
English services also offered

Salutations distinguées,

Sylvia Perreault
Ma compagnie X Inc.
Courtier immobilier Agréé
Adresse:
Courriel:

Si votre propriété est déjà inscrite auprès d'un autre courtier, veuillez transmettre ce message à une connaissance. Merci!

La méthode Immo-Succès

(Logo)   Ma compagnie X Inc.

Le ___ mois 200_

Madame, Monsieur,

J'espère que vous profitez tous de notre bel été et de votre propriété! Je prends le temps de vous faire parvenir une petite note pour vous informer de mes offres intéressantes pour la saison et pour vous donner, par le fait même, de mes nouvelles.

Nous savons tous que le marché immobilier continue d'être fort et consistant. Peut-être que certains d'entre vous voudraient en profiter davantage? Si je vous ai vendu votre propriété y il a déjà quelques années, il est peut-être temps grâce à la vigueur actuelle du marché, de la revendre? Pourquoi ne pas regarder pour quelque qui correspondrait plus a vos besoins actuels? Une estimation de la valeur marchande de votre propriété pourrait vous éclairer sur ce sujet. Contactez-moi pour en savoir plus!

De plus, pour certains d'entre vous, il y aurait des très bonnes raisons de récupérer du capital amassé sur votre propriété afin de faire des placements avantageux dans l'immobilier générant ainsi des revenus. (Ex: 2plex, 3plex et plus)

Un refinancement est prévu pour bientôt? Savez-vous que je peux vous obtenir les meilleurs taux grâce à mes nombreux contacts et aux nombreuses promotions que j'obtiens auprès des institutions financières? Alors, si vous avez des questions pour tous vos besoins en immobilier n'hésitez pas à me contacter au (___-___-_____)

En terminant, si vous connaissez quelqu'un qui a le projet de vendre ou d'acheter une nouvelle propriété, penser à moi! Je leur donnerai les mêmes services attentionnés dont vous avez bénéficiés dans le passé. Rappelez-vous qu'une grosse partie de ma clientèle provient des personnes comme vous (des personnes gentilles!) qui me réfèrent à leurs amis et aux membres de leurs familles.

Je vous en remercie à l'avance de votre fidélité.
Bon été et au plaisir de vous revoir bientôt!

Sylvia Perreault
Ma compagnie X Inc.
Courtier immobilier Agréé
Adresse:
Courriel:

Si votre propriété est déjà inscrite auprès d'un autre courtier, veuillez transmettre ce message à une connaissance. Merci!

☑⇨ **Les questions** ¨ 🔑 ¨

Les ¨ Questions 🔑 ¨ m'ont permis à sauver du temps en allant droit au but.

Voici l'aide mémoire en plus gros format, lequel je vous recommande d'imprimer sur du papier de bonne épaisseur ou de le faire plastifier. Vous pourrez ainsi le mettre bien en évidence devant votre téléphone, prêt à servir!

Vous retrouverez les instructions et les trucs pratiques pour l'utiliser adéquatement dans le tome II: *Agent immobilier : de la réalité aux rêves!*

Conseil Immo-Succès!

Beaucoup d'inscriptions… beaucoup d'appels, beaucoup d'appels… beaucoup d'acheteurs, beaucoup d'acheteurs… beaucoup d'offres… beaucoup de transactions!

La méthode Immo-Succès

Aide mémoire des ¨Questions 🔑¨ pour sollicitation!

Questions qualificatives	AVPP	EXPIRÉS	Inscrit ou vendu dans secteur	Anciens clients	Mon cercle d'influence
Q🔑 Buts	Inscrire?	Réinscrire?	J'ai inscrit/vendu	Références?	Références?
L'entrée en matière	Êtes-vous **le propriétaire**?	Êtes-vous **le propriétaire**?	Êtes-vous **le propriétaire**?	Bonjour! (Nom du client)	Bonjour! (Nom du contact)
Q🔑 Intro	Toujours à vendre?	Toujours expiré?	Intérêt et références?	Connaissez-vous quelqu'un?	Connaissez-vous quelqu'un?
Q🔑 Temps?	**Quand** planifiez-vous prendre un bon agent?	**Quand** allez-vous engager un bon agent?	**Quand** pensez-vous **déménager**?	**Quand** pensez-vous **déménager**?	**Quand** pensez-vous **déménager**?
Q🔑 Où?	**Où**? Si **vous vendez**…	**Où**? Si **vous vendez**…	**Où**? Si **vous vendez**…	**Où**? Si **vous vendez**…	**Où**? Si **vous vendez**…
Q🔑 Quand?	**Quand aimeriez-vous** être là?	**Quand aimeriez-vous** être là?	**Quand aimeriez-vous** être là?	**Quand aimeriez-vous** être là?	**Quand aimeriez-vous** être là?
Q🔑 Pourquoi?	<u>**Pourquoi** vendre</u> celle-ci? ☺	<u>**Pourquoi** vendre</u> celle-ci? ☺	**Pourquoi** aviez-vous **choisi ce secteur**?	**Pourquoi** avez-vous décidé **de vendre**?	**Pourquoi** avez-vous décidé **de vendre**?
Q🔑 Quel?	**Quels** moyens de **publicité**?	**Quels** sont les motifs qui ont empêché?	**Quel** prix croyez-vous obtenir?	**Quel** prix croyez-vous obtenir?	**Quel** prix croyez-vous obtenir?
Q🔑 Comment?	**Comment** avez-vous **décidé votre prix**?	**Comment** aviez-vous choisi le dernier agent?	**Comment** avez-vous **déterminé votre prix**?	**Comment** avez-vous **déterminé votre prix**?	**Comment** avez-vous **déterminé votre prix**?
Q🔑 Pourquoi?	**Pourquoi** vendre par vous-même?	**Pourquoi** ne pas reprendre un agent au plus vite?	**Pourquoi** vendre?	**Pourquoi** vendre?	**Pourquoi** vendre?
Q🔑 Qu'est-ce?	**Qu'est-ce que vous** attendez?	**Qu'est-ce que** vous attendez?	**Qu'est-ce que vous** attendez?	**Qu'est-ce qui** va influencer votre décision?	**Qu'est-ce qui** va influencer votre décision?
Q🔑 Qui?	**Qui** choisiriez-vous? ☺	**Qui** choisiriez-vous? ☺	**Qui** choisiriez-vous? ☺	**Qui** choisiriez-vous? ☺	**Qui** choisiriez-vous? ☺
Q🔑 Moi?	Qu'attendriez-vous **de moi**?	Qu'attendriez-vous **de moi**?	Qu'attendriez-vous **de moi**?	Qu'attendriez-vous **de moi**?	Qu'attendriez-vous **de moi**?
Q🔑 Connaissez-vous?	**Connaissez-vous** les moyens que j'utilise **pour vendre**?	**Connaissez-vous** les moyens que j'utilise **pour vendre**?	**Connaissez-vous** ou : **Puis-je entrer en contact avec…**?	**Connaissez-vous** / **Puis-je entrer en contact** avec vous **périodiquement**?	**Connaissez-vous** / **Puis-je entrer en contact** avec vous **périodiquement**?
Q🔑 Obtenir un rendez-vous! ☺	☺ Quel serait **le meilleur moment**?	☺ Quel serait **le meilleur moment**?	☺ Quel serait **le meilleur moment**?	☺ Quel serait **le meilleur moment**?	☺ Quel serait **le meilleur moment**?
SUIVIS À FAIRE ET À SUIVRE?	A suivre!	A suivre!	A suivre!	A suivre!	A suivre!

☑⇨Mes priorités d'aujourd'hui

Ce formulaire peut servir comme tout bon bloc-notes à vous garder en contact avec vos priorités, préparé à l'avance, il m'aide à me tenir dans ma discipline journalière de sollicitation. Je l'utilise pour inscrire mes résultats et le temps que j'y ai consacré durant la journée. Je m'accorde des récompenses lorsque j'atteins mes objectifs et j'y inscris aussi mes devoirs à faire de la semaine. Comme par exemple: Quelles sont mes distractions?

Elles sont mes priorités de sollicitation à moi!

La méthode Immo-Succès

Mes priorités d'aujourd'hui

Date: ___/___/_____

	√	#	Heures
❑ Affirmation et méditation intime Thème de la semaine_____			
❑ Affirmation avec un partenaire Thème de la semaine_____			
❑ Pratique des questions 🔑 avec partenaire (½ hre) ❑ _____			
❑ Suivi des contacts sérieux			
❑ Expirés			
❑ Avpp (A vendre par le propriétaire)			
❑ Anciens clients et centre d'influence			
❑ Une autre de vendue et je viens d'inscrire			
Total:			

Résultats: # de rendez-vous: _____   Récompenses: _____

Devoirs de la semaine: Quelles sont mes distractions?

1)_____

_____

2)_____

_____

3)_____

_____

☑⇨ Suivi quotidien de prospection

Ce formulaire sert à m'accompagner pendant ma prospection quotidienne.

Le titre de ce formulaire dévoile tout, il permet de statuer sur les prospections et les résultats obtenus tous les jours. J'aime ajouter en haut l'affirmation du jour qui m'inspire. Pour vous motiver, je me permets de vous confier une petite analogie que mon amie et consœur de travail, Annie Chouinard, a bien voulu partager avec moi, sur le principe que l'action crée de la réaction!

Avez-vous marché dans votre piscine aujourd'hui???

En effet, Annie me faisait voir qu'à l'image de notre profession, du travail et de l'effort qu'on doit parfois y mettre, comment il n'était pas toujours évident, au tout début d'une journée, de partir la roue tout comme il n'est pas facile de marcher dans une piscine! Le poids de l'eau faisant pression contre nous, et même fait presque obstacle à notre démarche, il nous faut donc faire de grands efforts, pousser très fort et surtout prendre de grandes enjambées assurées pour avancer! Pourtant, si on continue, on se rend vite compte que soudainement, cela devient plus facile, le courant aidant, surtout si on marche toujours dans le même sens! Aidé par ce courant, on se sent plus léger et plus hardi à continuer à marcher, n'est-ce pas?

En fait, le courant nous pousse si fort qu'on sent derrière nous une force magique qui nous propulse vers l'avant! On avance tout seul par ce courant d'énergie que l'on a créé! L'action crée de la réaction et surtout des transactions !

Alors, dites-vous d'aller marcher dans votre piscine comme Annie à tous les matins et vous verrez que l'énergie que vous déploierez vous aidera bientôt!

P.S.: Mais attention, parfois nous déployons tellement d'énergie que même si on tente de ralentir, le courant nous soulève presque les pieds, nous emporte sans contrôle. C'est à ce moment là, qu'il faut envisager d'atteindre un nouvel équilibre!

SUIVI QUOTIDIEN DE PROSPECTION

Note(s) / Affirmation(s):

Contact(s)

But de ce jour: Date:

1	2	3	4	5	6	7	8	9	10
11	12	13	14	15	16	17	18	19	20
21	22	23	24	25	26	27	28	29	30
31	32	33	34	35	36	37	38	39	40
41	42	43	44	45	46	47	48	49	50

Piste(s) générée(s):

1	2	3	4	5	6	7	8	9	10

Nombre de rendez-vous fixés:

Acheteur(s):	1	2	3	4	5
Vendeur(s):	1	2	3	4	5

Total des contacts:

AVPP	1	2	3	4	5	6	7	8	9	10
Expiré(s)	1	2	3	4	5	6	7	8	9	10
Sphère d'influence	1	2	3	4	5	6	7	8	9	10
Ancien(s) client(s)	1	2	3	4	5	6	7	8	9	10
Autour / inscription	1	2	3	4	5	6	7	8	9	10
Autour / vendu	1	2	3	4	5	6	7	8	9	10
Suivi « Prospect»	1	2	3	4	5	6	7	8	9	10
Autre(s)	1	2	3	4	5	6	7	8	9	10

PLAN D'ACTION et SUIVIS

1 _____ 2 _____
3 _____ 4 _____
5 _____ 6 _____
7 _____ 8 _____
9 _____ 10 _____

☑⇨Suivi hebdomadaire de prospection

Ce formulaire est similaire au précédent, par contre il prévoit les statistiques hebdomadaires de prospection. Ce document m'est utile pour démontrer mes taux de réussite par semaine lors de ma sollicitation.

Plus complet, il tient aussi à jour mes actions payantes et rentables que je dois faire chaque semaine!

Conseil Immo-Succès!

Pour suivre votre progression mais surtout vous encourager, pourquoi ne pas vous offrir une petite récompense lorsque vous avez atteint un but réaliste!

SUIVI HEBDOMADAIRE "PROSPECTION"   *La méthode Immo-Succès*

Semaine du: _____

# CONTACTS	lundi	mardi	mercredi	jeudi	vendredi	samedi	dimanche
SPHÈRE D'INFLUENCE							
EXPIRÉ							
AVPP							
ANC. CLIENTS							
AUTOUR « INSCR. »							
AUTOUR « VENDU »							
ACHETEURS							

Suivi "x"ou "rdv"	lundi	mardi	mercredi	jeudi	vendredi	samedi	dimanche
SPHÈRE D'INFLUENCE							
EXPIRÉ							
AVPP							
ANC. CLIENTS							
AUTOUR « INSCR. »							
AUTOUR « VENDU »							
ACHETEURS							

Total	lundi	mardi	mercredi	jeudi	vendredi	samedi	dimanche
JOURS TRAVAILLÉS							
HRES À PROSPECTER							
NBRE CONTACT(S)							
NBRE PISTE(S)							
NBRE RDV OBTENUS							
NBRE RDV FAITS							
NBRE INSCRIPTIONS							
NBRE INSCR. VENDUS							
NBRE RV - ACHETEUR							
NBRE VENTES - ACHETEUR							
NBRE RÉDUCTION. DE PRIX							
COMMISSIONS GAGNÉES							
NBRE INSCR. EXPIRÉES, H. M.							
NBRE INSCRIPTIONS							
NBRE COURRIELS TRANSMIS							

☑⇨Suivi des enseignes privées (AVPP)

Ma feuille préférée!

Elle ne me quitte jamais lorsque je me promène en voiture!

J'aime rentrer au bureau lorsqu'elle est toute remplie! Un défi à chaque jour et quelques détours parfois... mais tellement payant!

J'y inscris toutes les adresses ou il y a une pancarte à vendre par le propriétaire et le numéro de téléphone affiché. Dès que je rentre au bureau, moi ou mon adjointe cherche le nom du propriétaire pour chaque adresse et moi, je sors mes   Questions 🔑 !

Mon sport préféré!

La méthode Immo-Succès

Enseignes privées (AVPP)

Adresse	Téléphone	Nom	Activités et commentaires

☑⇨Lettre pour laisser une carte d'affaires à un AVPP absent

Cette lettre, je m'en sers depuis toujours! Je sonne toujours lorsque je vois un AVPP, mais parfois ils sont absents au moment de mon passage. Donc, je laisse tout de même signe de ma venue avec ma carte d'affaires et ils ne seront pas surpris lorsque je les appellerai et ils verront que je fais un suivi sérieux.

Conseil Immo-Succès!

Je vous recommande vivement de laisser deux cartes d'affaires! Car il m'est arrivé de découvrir que Madame (ou parfois Monsieur) prend une des cartes dans l'enveloppe non cachetée que je leur laisse et me rappelle plus tard à partir de son bureau, par exemple… sachant très bien que mon enveloppe et son contenu iraient au recyclage lorsque vue par l'autre conjoint…

Il semblerait qu'il y a souvent un qui veut vendre plus que l'autre dans un couple!

La méthode Immo-Succès

Madame, Monsieur,

Je vous prie de conserver ma carte d'affaire ci-jointe si vous songez à vendre votre propriété. Je demeure à votre entière disposition pour toute information supplémentaire concernant mes services

Si vous songez à vendre, une rencontre vous convaincra de ma méthode de mise en marché de votre propriété.

Depuis 1982, j'ai à mon actif plusieurs centaines de clients satisfaits dont je pourrais d'ailleurs vous soumettre quelques lettres en témoignage.*

Je viens de finaliser de bonnes transactions dans votre secteur et j'ai accumulé une liste d'acheteurs sérieux qui pourraient être intéressés par votre propriété.

Avant de vous arrêter sur le choix d'un représentant en immobilier ou un courtier, n'hésitez pas à communiquer avec moi.

J'espère avoir l'opportunité de vous compter parmi mes nombreux clients satisfaits.

Au plaisir,

**Membre du temple de la renommée
Ma compagnie X Inc. en Amérique ****

Sylvia Perreault
Ma compagnie X Inc.
Agent immobilier Agréé
Adresse:
Courriel:

* À titre d'agent représentant l'acheteur ou le vendeur.
** Plus d'un million $ de commission chez **Ma compagnie X Inc.**

Si votre propriété est déjà inscrite auprès d'un autre courtier, veuillez transmettre ce message à une connaissance. Merci!

☑ ⇨ Carte merci aux clients potentiels

Cette carte de remerciement destinée au client est tout aussi valide pour un client qui a voulu vous rencontrer pour inscrire sa propriété avec vous, que pour un client qui sollicite votre aide dans la recherche d'une première ou d'une nouvelle propriété. Même si je n'obtiens pas le contrat de courtage, j'envoie cette carte. Elle est imprimée sur un format de carte de remerciement qui se plie en deux, avec le logo de mon franchiseur sur le recto. N'oubliez pas d'y ajouter votre carte d'affaires!

D'autres lettres de remerciements suivent pour répondre à des besoins différents.

Madame, Monsieur,

Je vous remercie de m'avoir accordé quelques minutes de votre temps. Ce fut pour moi un plaisir de vous présenter les divers avantages associés avec les numéros un de l'immobilier, Ma Compagnie X.

En faisant appel à mes services professionnels, vous pourrez être assurés de ma disponibilité constante et de mon entier dévouement. Vous profiterez également de mon expérience et de ma clientèle établie dans ce secteur où ma réputation n'est plus à faire.

J'espère avoir la chance de vous compter parmi mes nombreux clients satisfaits.

Salutations distinguées,

Sylvia Perreault
Agent immobilier Agréé
Ma compagnie X Inc.

Si votre propriété est déjà inscrite auprès d'un autre courtier, veuillez transmettre ce message à une connaissance. Merci!

La méthode Immo-Succès

Madame, Monsieur,

Je vous remercie de m'avoir contactée pour solliciter mes services. Ce fut pour moi un plaisir de vous répondre.

Tel que convenu vous trouverez ci-inclus ma carte d'affaires ainsi que mes coordonnées.

Profitez de mon expérience et soyez assurés de ma disponibilité constante et de mon entier dévouement.

J'espère avoir l'opportunité de vous compter parmi mes nombreux clients satisfaits.

Salutations distinguées,

Sylvia Perreault
Agent immobilier agréé
_____
XXX-XXX-XXXX

Si votre propriété est déjà inscrite auprès d'un autre courtier, veuillez transmettre ce message à une connaissance.

La méthode Immo-Succès

(Logo) Ma compagnie X Inc.

Date,

Mme Va Gagner

_____, _____
Quartier, Ville, P.Q.
XOX XOX

Madame,

Je vous remercie de m'avoir contacté afin de solliciter mes services. Ce fut pour moi un plaisir d'avoir pu répondre à toutes vos questions et de vous rassurer sur certains points.

J'ai tenté de vous éclairer adéquatement sur ce sujet. Ensemble, nous avons estimé la valeur marchande de votre propriété et j'espère que cette présentation vous a plu et qu'elle vous permettra de prendre une décision réfléchie si un projet de vente se concrétise. Toutefois, si vous désirez des renseignements supplémentaires, n'hésitez pas à me contacter, il me fera plaisir de prévoir un rendez-vous en fonction de vos disponibilités.

Je vous remercie à l'avance! Salutations distinguées,

Sylvia Perreault
Ma compagnie X Inc
Agent immobilier Agréé
Adresse:
Courriel:
Tel.:

Si votre propriété est déjà inscrite auprès d'un autre courtier, veuillez transmettre ce message à une connaissance. Merci!

☑⇨Lettre accompagnant la carte d'affaires

Lorsque vous avez une conversation téléphonique avec un client potentiel, ou lors d'une activité de réseautage, demandez sa carte d'affaires ou ses coordonnées pour lui envoyer votre propre carte d'affaires accompagné d'un petit mot par la poste. Cela démontre un professionnalisme exceptionnel de votre part et la personne se sentira valorisée par le fait que vous avez été aussi loin pour assurer un contact avec elle.

N'oubliez pas d'inclure plusieurs cartes d'affaires, car elle pourrait toujours vous référer à d'autres personnes de son entourage!

Conseil Immo-Succès!

Votre carte d'affaires est le moyen de promotion et publicitaire le plus économique qui soit et, de plus, vous les donnez en personne. Quelle chance de vous faire valoir!

La méthode Immo-Succès

(Logo) Ma compagnie X Inc.

Madame et Monsieur Latendresse

_____

_____

_____

Madame, Monsieur,

Par la présente, je tiens à vous remercier du moment privilégié que nous avons partagé et de l'accueil chaleureux que vous m'avez manifesté. Ce fut un moment agréable et j'espère que nous aurons la chance de nous revoir à nouveau.

Tel que convenu, vous trouverez, ci-jointes, mes cartes d'affaires ainsi que mes coordonnées. Profitez de mon expérience et soyez assuré de ma disponibilité constante et de mon entier dévouement.

J'espère avoir l'opportunité de vous compter parmi mes nombreux clients satisfaits.

Salutations distinguées,

Sylvia Perreault,
Agent immobilier agréé
Ma compagnie X Inc.
XXX-XXX-XXXX

Si votre propriété est déjà inscrite auprès d'un autre courtier, veuillez transmettre ce message à une connaissance. Merci!

☑⇨ **Lettre de suivi d'appel (prospection)**

Voici un exemple de lettre type acheminée au client que vous avez préalablement sollicité par le biais d'un appel téléphonique.

Avec le prétexte de vous informer s'ils ont reçu votre petite lettre, rappelez-les avec les ¨Questions 🔑 ¨ !

(Logo) Ma compagnie X Inc.

La méthode Immo-Succès

Madame, Monsieur,

Par la présente j'aimerais vous remercier de m'avoir accordé quelques minutes de votre temps. Ce fut pour moi un plaisir de vous démontrer les divers avantages associés avec les numéros un de l'immobilier, **Ma compagnie X Inc.**

En faisant appel à mes services professionnels, vous serez assurés de ma disponibilité constante et de mon entier dévouement. Vous profiterez ainsi de mon expérience et de ma clientèle établie dans ce secteur où ma réputation n'est plus à faire.

J'espère avoir l'opportunité de vous compter parmi mes nombreux clients satisfaits.

Très cordialement,

Sylvia Perreault,
Agent Immobilier Agréé
Ma compagnie X Inc.

Si votre propriété est déjà inscrite auprès d'un autre courtier, veuillez transmettre ce message à une connaissance. Merci!

-3-

Tous les outils

dont vous avez besoin

pour la prise d'une inscription

☑⇨ Comment monter un dossier pour la prise d'une inscription

On désire ne rien oublier la première fois que l'on se présente chez un client vendeur. Ici, dans le but de vous donner une méthode ou une procédure de travail, je vous suggère une façon de monter un dossier complet à leur intention.

Ces formulaires sont aussi des aides mémoire formidables des étapes à suivre et surtout des détails à ne pas oublier dans l'excitation du moment! Vous aurez déjà dans votre valise tout ce qu'il vous faut pour ressortir gagnant de votre rendez-vous, grâce à une démarche et une présentation professionnelle.

Dans un dossier, soit une chemise format légal de couleur distincte que vous choisirez pour vos inscriptions, déjà identifiées à l'adresse de la propriété, vous y déposerez les outils de la page suivante: (certains de ces formulaires y seront déposés en prévision de leur utilité.)

Les outils pour une inscription

1. **Chemise de présentation** au client de format légal (aux couleurs ou logo du courtier) avec votre carte d'affaires attachée. C'est dans cette chemise que vous remettez le double du contrat de courtage et tous les autres documents que vous ferez signer à votre client vendeur.

2. **Contrat de courtage**: insérez celui-ci dans la chemise en ayant pris soin de compléter la partie du courtier et les informations connues avant votre départ, et ce, dans le seul but d'accélérer la présentation.

3. **Formulaire « divulgation par le propriétaire »** (DV).

4. Vous inclurez également **les objets promotionnels** tels que les calendriers et brochures vous concernant, les brochures explicatives des services que vous rendez personnellement, ainsi que celles annonçant les services offerts par l'entremise de votre courtier ou franchiseur. Ces brochures pourront être remises à votre client avant votre départ, supposant qu'il aura encore un peu plus de réflexion à faire avant de vous confier le contrat!

5. **Formulaire « bilan vendeur »** qui décrit et permet de calculer les dépenses afférentes à la vente d'une propriété avec la liste des documents d'information tels que les titres et comptes divers à remettre au courtier. Cela devient la preuve que j'ai bien reçu ces documents en même temps. (J'en fais toujours un double avec du papier carbone).

6. **Formulaire « Description des pièces et prise de mesures »** de la propriété.

7. **Formulaire de recommandations au vendeur** lors des visites.

8. **Formulaire d'autorisation pour présentation privée** d'une offre sur la propriété du vendeur seulement (si nécessaire) et à la demande du vendeur (avec un double et carbone).

☑⇨ À faire avant inscription

Aide-mémoire utile avant de partir prendre une inscription!

Cet aide-mémoire spécifie les activités à réaliser avant de se présenter chez notre client potentiel. Il nous permet de confirmer que j'ai tout en main avant de me présenter au rendez-vous. Plusieurs des tâches de cet aide-mémoire peuvent déjà être réalisées à l'avance par mon adjointe. Je révise le tout avant de partir, je m'assure que j'ai tout ce qu'il me faut pour mener une rencontre de façon efficace et professionnelle. Par la suite, mon adjointe sera en mesure d'assurer le suivi adéquat selon les résultats obtenus et les demandes particulières du client, grâce à ce que j'aurai coché lors de ma sollicitation téléphonique avec lui.

La méthode Immo-Succès

À faire avant l'inscription

Nom: _____

Adresse: _____

Téléphone: _____

Date du rendez-vous: _____

_____ Relevés de taxes municipales et scolaires de la propriété.

_____ Anciennes fiches descriptives (vendus, expirés) de la propriété à analyser. (Si elles existent, faire recherche)

_____ Titres de la propriété. Voir ventes enregistrées. Recherche sur sites spécialisés (JLR, Tealapoint/Moore, Registre foncier du Québec) des titres et transactions récentes de ladite propriété.

_____ Préparer ACM (analyse comparative du marché).

_____ Préparer le bilan vendeur.

_____ Préparer le dossier contenant le contrat de courtage et autres documents disponibles à faire signer au client.

_____ Fiche MLS vierge ou autres documents descriptifs pour prendre les informations sur la propriété. (ex: descriptions et dimensions)

_____ Appeler le vendeur, confirmer la date et l'heure.

_____ Confirmer à l'agent.

_____ Demander deux clés de la propriété à être remises au moment du rendez-vous.

_____ Référer le vendeur à un agent si jamais il déménage en dehors de la région.

_____ Relever les renseignements nécessaires sur le bail, s'il s'agit d'une propriété à revenus.

_____ Envoyer dépliant et autres ressources utiles pour le client.

_____ Préparer une carte routière ou des indications pour se rendre à la propriété.

_____ Apporter un ruban à mesurer!

_____ Envoyer une carte de remerciement pour accueil chaleureux.

☑⇨ Une bonne présentation et le contrat de courtage est à vous!

Avant de commencer votre présentation, vous devez expliquer brièvement à vos clients ce que comptez faire. Ils seront beaucoup plus à l'aise avec vous et avec ce que vous leur présenterez.

C'est ici qu'entre en jeu l'importance d'avoir votre propre « façon de faire ». Vous devez développer un style qui vous est propre et une approche personnelle.

Voici ce que je vous suggère: **Les 10 étapes, et le contrat est à vous !**

« Madame et Monsieur le propriétaire, permettez-moi d'abord de vous expliquer comment je travaille ».

Les 10 étapes de ma présentation	Contenu suggéré dans le cartable de présentation
1. Je veux visiter votre propriété (si ce n'est pas déjà fait).	Feuille de mesures et descriptif.
2. Je voudrais vous parler de moi-même, afin que vous me connaissiez un peu mieux.	Photo personnelle, diplôme, attestations de formation, attestations de réussite (inscripteur, meilleur vendeur), votre mission.
3. Je veux vous poser quelques questions sur vous-même et sur vos buts en ce qui a trait à la vente de votre propriété.	Avec les " Questions 🔑 " !
4. Je veux vous parler de mon agence.	Visibilité, crédibilité, services de relogement, site internet, etc.
5. Je veux vous décrire mon plan de mise en marché.	Publicité personnelle: brochures, cartes, annonces, fiches descriptives MLS et plan.
6. Nous parlerons de la mise en marché de votre propriété.	Analyse comparative, comparables, statistiques.
7. Nous regarderons ensemble vos frais de ventes.	Feuille budget vendeur.
8. Je répondrai à vos questions.	"Réponses 🔑 "
9. Nous déterminerons si nous pouvons travailler ensemble.	Lettre de références, méthodes de suivi…
10. Signons le contrat!	Merci de votre confiance, voici les documents divers qui répondront à toutes les questions qui peuvent demeurer en suspends.

☑⇨ **Informations du vendeur**

Ce sont des informations sur le vendeur, (ses coordonnées) et détaillant plus spécifiquement certaines particularités de la propriété.

Ce formulaire, rempli par l'agent lors de la pré-qualification téléphonique, avant un rendez-vous d'inscription, lui permet de monter et préparer son dossier en fonction des informations recueillies.

Pour votre adjointe ou pour vous-même, ce formulaire sera aussi un outil de première importance lors de la préparation de la fiche MLS.

La méthode Immo-Succès

FICHE DU CLIENT - VENDEUR

NOM DU VENDEUR: _____

Adresse actuelle: _____
téléphone (rés.): _____ **(cell.):** _____ **(bur.):** _____

RENSEIGNEMENTS RELATIFS À LA PROPRIÉTÉ:

Intersection: cadastre:

Genre de propriété: année de construction:

Revêtement extérieur:

Superficie / maison: terrain:

Nbre de pièces: nbre de cac: nbre de sdb:

S.e.:   chauffage: foyer :

Sous-sol ☐   fini ☐   garage simple ☐   double ☐

Air climatise ☐   piscine ht ☐   creusée ☐

Cabanon ☐   terrasse / patio ☐

RENSEIGNEMENTS MONÉTAIRES SUR LA PROPRIÉTÉ:

Taxes municipales: scolaires:

Solde d'infrastructure:

Montant que vous désirez obtenir:

Hypothèque / solde:

Prix recommandé:

Visite(s):   jour ☐   soir ☐   fin de semaine ☐

COMMENTAIRE(S):

☑⇨ Caractéristiques de l'aménagement intérieur

Ce sont des informations détaillant spécifiquement les particularités de la propriété.

Ce formulaire, rempli par l'agent lors de la prise d'inscription et la prise des photos, lui permet de monter et préparer son dossier en fonction des informations recueillies.

Pour votre adjointe ou pour vous-même, ce formulaire sera aussi un outil de première importance lors de la préparation de la fiche MLS.

La méthode Immo-Succès

(Logo) Ma compagnie Inc.

CARACTÉRISTIQUES DE L'AMÉNAGEMENT INTÉRIEUR

✢ NOMBRE DE PIÈCES: _____   ✢ NOMBRE DE CHAMBRES: _____

✢ NOMBRE DE SALLES DE BAIN: _____   ✢ SALLE D'EAU: _____

✢ DESCRIPTION, DIMENSIONS, MATÉRIAUX ET DÉFINITION INTÉRIEURE DES PIÈCES:

PIÈCE(S)	NIVEAU	DIMENSION	PLANCHER	COULEUR ET STYLE
CUISINE				
SAM				
SALON				
CCP				
CAC				
CAC				
CAC				
CAC				
SDB				
SFM				
SDJ				
FOYER				
RANGEMENT				
SDL				
SOUS-SOL				
Autres				

☑⇨Analyse comparative de marché

Un formulaire simple et efficace!

Vous y joindrez vos descriptions MLS ayant servi de comparable pour références.

Conseil Immo-Succès!

Savoir dire NON!

1- À une inscription trop élevée

2- À un client avec qui on ressent un incompatibilité (antipathie ou un manque de confiance.)

3- À une tentative de faire baisser votre taux de rétribution.

4- À l'illégalité, car votre droit de pratique (permis) vaut plus que ça!

5- À l'ignorance, car en tant que professionnel, vous n'avez pas le droit de ne pas savoir!

Bonne chance!

La méthode Immo-Succès

ANALYSE COMPARATIVE DE MARCHÉ	EN DATE DU ___ / ___ / ___

ADRESSE DE LA PROPRIÉTÉ:

Critères respectés pour cette fin d'évaluation:
....propriété isolée ☐   propriété semi-détachée ☐   condominium ☐   rénovations ☐   piscine ☐
....poêle / foyer ☐   garage ☐   superficie terrain ☐   superficie habitable ☐   secteur ☐
....*autres spécifications* _____

PROPRIÉTÉS À VENDRE

ADRESSES	NUMÉRO MLS	SUPERFICIE BÂTIMENT / TERRAIN	NOMBRE DE PIÈCES / CAC	ÉVALUATION MUNICIPALE / SCOLAIRE	PRIX DE VENTE DEMANDÉ	SUR LE MARCHÉ DEPUIS....	PARTICULARITÉS

PROPRIÉTÉS VENDUES RÉCEMMENT

ADRESSES	NUMÉRO MLS	SUPERFICIE BÂTIMENT / TERRAIN	NOMBRE DE PIÈCES / CAC	ÉVALUATION MUNICIPALE / SCOLAIRE	PRIX DEMANDÉ / VENDU	DATES INSCRIP. / DE VENTE	PARTICULARITÉS

PROPRIÉTÉS EXPIRÉES / HORS-MARCHÉ

ADRESSES	NUMÉRO MLS	SUPERFICIE BÂTIMENT / TERRAIN	NOMBRE DE PIÈCES / CAC	ÉVALUATION MUNICIPALE / SCOLAIRE	PRIX DE VENTE DEMANDÉ	SUR LE MARCHÉ POUR	PARTICULARITÉS

ANNOTATIONS / SPÉCIFICATIONS:

_____
_____
_____
_____

☑⇨Vendeur réaliste optimiste

J'utilise ce formulaire lors de la rencontre avec mes clients vendeurs pour la signature du contrat de courtage. Celui-ci n'est ni plus ni moins qu'un bilan comparatif pour le vendeur considérant ce que le client désire par rapport à ce à quoi il doit s'attendre. Il informe sur les coûts que le vendeur devra s'attendre à assumer en vendant sa propriété. C'est en étroite collaboration avec l'agent que le vendeur effectue cette planification, cela démontre le sérieux du vendeur à me confier sa propriété pour la mettre sur le marché.

Il est tout indiqué pour travailler les attentes du vendeur suite à la présentation des comparables, car elle l'aide à fixer un prix raisonnable à la vente de sa propriété. La colonne « réaliste » est le prix fixé par rapport aux autres propriétés comparables du secteur. La colonne « optimiste » décrit un prix maximum auquel on pourrait inscrire la propriété et la colonne « attentes du vendeur » décrit ce que le vendeur attend de cette transaction. Parfois les attentes du vendeur sont trop optimistes, c'est la raison d'être de ce formulaire, car il démontre bien que le vendeur doit inscrire sa propriété à un prix raisonnable s'il veut la vendre. De plus, le prix possible de la colonne optimiste me sert parfois pour tenter l'expérience pendant une semaines ou deux, au tout début de la mise en marché, et ce, surtout dans un marché haussier comme celui de ces dernières années. On peut parfois avoir des surprises! Je clarifie donc par écrit l'entente avec le vendeur selon laquelle nous réduirons le prix demandé au prix réaliste s'il n'y a pas d'appels, de visites et surtout pas d'offres pendant un nombre de jours déterminé. Cela incite les plus récalcitrants à réduire leur prix, preuves à l'appui que leurs espérances sont peut-être trop élevées. Ce formulaire me permet aussi de faire comprendre aux clients que le 1% qu'ils essaient de négocier sur ma rétribution est minime sur la différence du prix de vente mais que l'offre qu'ils accepteront le sera. **Comme les frais d'un arpenteur ou d'un notaire, ma rétribution n'est pas là pour faire la différence...**

Il est intéressant de savoir qu'à l'extérieur du Québec un agent a l'obligation, dans le contrat de courtage et dans l'offre d'achat, de divulguer au vendeur et à l'acheteur tous les frais auxquels ils s'engagent en concluant une offre d'achat. Ils veulent ainsi éviter les surprises chez le notaire! Nous n'avons pas encore cette prérogative au Québec, mais moi, je préfère prendre les devants, et mes clients vendeurs et acheteurs sont très heureux de mon initiative.

Un autre avantage de ce document, c'est que je laisse un double au propriétaire, car lorsque j'ai ramassé ses titres, cela devient la preuve et mon accusé de réception avec la liste des documents que j'ai cochés au bas de cette feuille. Le vendeur garde donc une copie de son bilan!

La méthode Immo-Succès

Budget du propriétaire vendeur

Propriété _____ Date: _____

Préparée par _____, Agent immobilier _____

	Réaliste	Optimiste	Vos attentes
Prix de mise en marché suggéré	$	$	$
Prix de vente possible et approximatif	$	$	$
Frais de courtage (7% du prix de vente)	$	$	$
Taxes TPS 5 %	$	$	$
TVQ 7.5%	$	$	$
Total frais de courtage incluant taxes (-)	$	$	$
Sous-total	$	$	$

Dépenses et frais de vente

Certificat de localisation (mise a jour)	+/-	$
Remboursement de l'hypothèque	+/-	$
Frais de quittance par le notaire instrumentant	+/-	$
Frais de pénalité pour remboursement anticipé	+/-	$
Servitudes ou illégalités	+/-	$
Arrérage de taxes	+/-	$
Autres dettes attribuées sur la propriété	+/-	$

Produit «net» au vendeur	$	$	$

Documents nécessaires pour l'inscription et l'acte notarié (seulement ceux qui sont cochés)

Acte de vente	Acte de copropriété	Nom et coordonnées des administrateurs condo
Acte de prêt	Règlements de la copropriété	Documents de conformité fosse septique
Acte de quittance	Police d'assurance de la copropriété	Test d'eau potable
Certificat de localisation	États et bilan financiers de la copropriété	Résolution au livre des minutes si c'est une incorporation
Compte de taxes municipales	Procès verbaux (2 dernières années)	Preuve d'identité des signataires (chez le notaire)
Compte de taxes scolaires	Certificat de naissance	Livrets d'instructions des équipements et inclusions
Baux	Contrat de mariage	Test de sols
Contrat d'assurance	Testaments/succession	Divulgation des vendeurs
Factures et garanties	Acte de transmission	Autres:

☑⇨ **Quelles sont vos inquiétudes**

Ce document est un petit sondage qui s'adresse aux clients qui désirent vendre leur propriété. Je m'en sers lors d'une première rencontre et je leur soumets pendant que je visite ou prends les photos ou les mesures de leur propriété. Il me permet d'anticiper leurs préoccupations et, par le fait même, leurs objections.

La méthode Immo-Succès

Quelles sont vos inquiétudes ?

Chez (nom du courtier ou de l'équipe), nous voulons vous garantir entière satisfaction. Nous vous demandons de bien vouloir partager avec nous vos inquiétudes et vos attentes face à la mise en marché de votre propriété. Veuillez prendre un instant pour répondre au questionnaire suivant:

De quoi êtes-vous inquiet?

	Non inquiet		à		Très inquiet	
Qualification des acheteurs	0	I	2	3	4	5
Inscriptions multiples (MLS)	0	I	2	3	4	5
Commission des agents	0	I	2	3	4	5
Explications des procédures	0	I	2	3	4	5
Publicité/mise en marché	0	I	2	3	4	5
Visites libres	0	I	2	3	4	5
Inconvénients	0	I	2	3	4	5
Exclusions/Inclusions	0	I	2	3	4	5
Prix de vente	0	I	2	3	4	5
Coûts de frais de notaire et autres	0	I	2	3	4	5
Sécurité et clés	0	I	2	3	4	5
Habilités de vente	0	I	2	3	4	5
Financement	0	I	2	3	4	5
Négociations	0	I	2	3	4	5

Merci et à bientôt!

☑⇨ **Contrat de courtage — entente, offre en présentation privée**

Ce formulaire est très important, il autorise le vendeur et l'agent à transiger leur offre en présentation privée soit par le biais de transmission électronique, soit par télécopieur. Je vous rappelle que ce formulaire nous permet d'être conformes avec l'article 47 des règles de déontologie.

Je l'imprime sur mes entêtes de lettres.

« En-tête et logo de compagnie »   **La méthode Immo-Succès**

Objet: CONTRAT DE COURTAGE NUMÉRO: _____

ADRESSE: _____

Par la présente, le ou les vendeur(s) autorise(nt) Sylvia Perreault de
Ma compagnie X Inc.

À recevoir par télécopieur ou en personne toute offre d'achat provenant d'un ou des acheteur(s) des autres agents immobiliers et de nous les présenter seule et promptement dans l'ordre de leur réception.

De plus, Sylvia Perreault:

Assure le ou les vendeurs qu'ils auront l'offre en mains afin qu'ils puissent la lire, la négocier et l'accepter à leur convenance, dans les meilleurs délais, le tout conformément à la Loi du courtage immobilier.

Et nous avons signé à _____, ce _____ e jour du mois de _____ 200_   pour accepter les termes des présentes.

Vendeur (1)   _____

Vendeur (2)   _____

Sylvia Perreault   _____
Agent Immobilier Agréé
Ma compagnie X Inc.

☑⇨ Recommandations aux propriétaires

Ce sont des recommandations pertinentes qui sont remises au vendeur d'une propriété; ce sont des consignes à appliquer afin de mettre les éléments positifs en valeur lors de visites d'acheteurs potentiels. Ce document me permet d'aborder le sujet avec tact et de pointer à l'avance mes exigences quant à leur collaboration qui est essentielle à la mise en marché de leur propriété. Je souligne toujours le fait que nous faisons équipe dans cette aventure!

(Logo) Ma compagnie X Inc.

La méthode Immo-Succès

FEUILLE DE RECOMMANDATIONS AUX PROPRIÉTAIRES

Pour mettre en évidence votre propriété, je vous recommande de suivre ces consignes, n'oubliez pas que vous détenez le produit à vendre!!!

Toujours allumer toutes les lumières de votre propriété en tout temps pendant les visites et ce, même le jour.

Toujours ouvrir tous les rideaux et les stores pendant les visites.

Libérer et faciliter l'accès à la cour, autant par l'intérieur que par l'extérieur.

Libérer les comptoirs de la cuisine et ceux de la salle de bain.

Baisser le volume de la radio et de la télévision.

Disposer sur la table des photos de votre propriété en été.

Déposer votre facture de coût d'énergie sur la table.

Laisser l'agent et ses clients visiter librement votre propriété sans intervenir.

Ne jamais laisser entrer un acheteur ou un agent sans un rendez-vous donné par moi-même ou quelqu'un de mon équipe.

Avisez-nous immédiatement de tous les changements et/ou informations provenant de la ville ou assureur ou autre concernant votre propriété.

Sylvia Perreault
Agent Immobilier Agréé
Ma compagnie X Inc.

☑⇨ Résumé de nos activités de mise en marché

Je remets ce document expliquant mes démarches de mise en marché juste avant de partir de chez les clients après avoir signé le contrat avec eux. Ce résumé répondra en général aux questions qui demeureront en suspens.

Ainsi, ils se sentent rassurés et comprennent mieux mon rôle.

(Logo) Ma compagnie X Inc.   *La méthode Immo-Succès*

RÉSUMÉ DE NOS ACTIVITÉS DE MISE EN MARCHÉ

✎ Initialement, nous concevrons la fiche descriptive de votre propriété afin que celle-ci soit bien en vue pour tous les agents immobiliers. Cette préparation requiert de bien analyser les caractéristiques marquantes de votre propriété et de les faire valoir aux lecteurs éventuels. Les dimensions de la propriété, celles du terrain, les mesures des pièces, les types de revêtement, en somme toutes les informations pertinentes y sont prévues. Cette fiche descriptive vous est transmise.

✎ De plus, afin que les visiteurs soient bien informés, nous traiterons et inclurons à votre fiche descriptive MLS/SIA® de nombreuses photographies qui permettront de bien visualiser la valeur et l'état de votre propriété.

    Dès que la Chambre Immobilière du Grand Montréal reçoit votre nouvelle inscription, elle s'assure que celle-ci est affichée au niveau du plus grand réseau des courtiers et agents du Québec, soit Ma franchise X Inc., au www.**MafranchiseX**.com, ainsi que dans le site www.mls.ca. Un délai maximal de 48 heures est toutefois requis pour réaliser ce transfert.

✎ Également, le site personnel et officiel de votre agent inscripteur affichera votre propriété et ses caractéristiques. L'adresse de ce site est www.sylviaperreault.com

✎ Également, et tel que stipulé dans votre contrat de courtage, des parutions seront prévues, occasionnellement, à la discrétion de l'agent, dans le Journal Local et dans notre revue immobilière X, un mensuel distribué gratuitement aux clients potentiels ou à des acheteurs éventuels.

✎ Les visites réalisées à votre propriété feront l'objet d'un compte-rendu. Après chacune des visites, nous contactons l'agent-visiteur afin de connaître les impressions perçues. Sachez que tous les agents ne voient pas la nécessité de divulguer le résultat des visites, alors si vous n'obtenez pas de suivi, c'est vraiment hors de notre contrôle, nous portons au maximum trois(3) appels et s'il n'y a pas de retour, nous croyons que nos efforts demeureront vains, malgré notre insistance. Toutefois, au besoin, nous vous informerons de nos résultats, au fur et à mesure, s'il y a lieu.

✎ De plus, considérant la date de votre inscription, lorsque quelques semaines se seront écoulées, nous réaliserons une analyse comparative, afin de s'assurer que le prix demandé est conforme au prix du marché.

Salutations distinguées,

Sylvia Perreault
Agent immobilier agréé
Ma compagnie X Inc.

☑⇨ Quelles seront les responsabilités et dépenses du propriétaire-vendeur

Ce document sert à informer le client vendeur en ce qui à trait aux frais qu'il devra envisager en ayant recours à vos services. Il présente également les impondérables relatifs à la vente de toute de propriété, tel que le certificat de localisation, si celui-ci est désuet.

Le but? Éviter les surprises et les désagréments inutiles. Ne pas me faire dire: « *On ne le savait pas... L'agent ne nous l'avait pas dit!* » etc. J'en laisse un double au propriétaire après lui avoir fait apposer ses initiales.

La méthode Immo-Succès

Quelles seront les responsabilités et dépenses du propriétaire-vendeur

- Rémunération du courtier, plus toutes taxes applicables (TPS et TVQ).

- La pénalité concernant la quittance d'hypothèque — Le vendeur est responsable de confirmer le montant avec son institution financière.

- Frais de notaire pour quittance d'hypothèque, qui normalement varie d'un notaire à l'autre, plus TPS et TVQ par hypothèque. Le vendeur est responsable de confirmer le montant avec le notaire instrumentant la vente.

- Le certificat de localisation, s'il ne décrit pas l'état actuel de la propriété ou que le notaire en exige un nouveau, cela devient la responsabilité du vendeur. Le vendeur doit respecter l'échéance convenue à la promesse d'achat pour livrer ce titre chez le notaire. Règle générale, le coût varie d'un arpenteur à l'autre, plus TPS et TVQ.

- Coûts, s'il y a lieu, reliés avec les obligations du vendeur, tel que stipulé dans le contrat de courtage et la promesse d'achat, i.e. libre de toutes charges, servitudes, etc.

- Pour les propriétaires de bombonnes au gaz propane et réservoir d'huile, le vendeur devra, probablement à la demande du notaire, les faire remplir la veille de la date prévue de l'acte notarié. Le notaire demandera alors avec une facture à l'appui, le remboursement des couts à l'acheteur dans le calcul des ajustements prévus à cet effet.

- Les fonds (solde restant après dépends) ne seront déboursés par le notaire qu'à l'enregistrement des titres au bureau d'enregistrement. Normalement, ceci ne dépasse pas trois jours ouvrables. Durant cette période, aucun intérêt ne sera additionné sur les fonds détenus en fidéicommis par celui-ci.
Par contre, les intérêts sur votre hypothèque seront calculés jusqu'au moment où le notaire sera en mesure de rembourser votre créancier. Le créancier devra vous rembourser directement à votre compte bancaire l'excédent que le notaire aura prélevé en réserve du montant estimé pour quelques jours et qu'il déposera à votre nom auprès de votre créancier lors du remboursement de celui-ci.

Le notaire connait les coordonnées de toutes les parties impliquées dans la transaction et sera en mesure de vous convoquer avant ou à la date prévue. Par contre, comme il doit rencontrer l'acheteur pour signer son hypothèque et obtenir les fonds de son créancier pour vous payer entièrement, il ne communiquera avec vous qu'à la dernière minute.

J'espère que ses informations vous seront utiles!

Votre courtier Immobilier, Sylvia Perreault

☑⇨ **Feuille de route inscription**

La réalisation d'une inscription est une étape importante et c'est avec rigueur et discernement que doit être publicisée la propriété à vendre. Ce document dans sa forme actuelle, a été personnalisé pour répondre à mes besoins spécifiques et en considérant certaines tâches accomplies par mon adjointe, mais il vous sera utile de le consulter et le retravailler pour refléter vos propres besoins. Sachez toutefois que certaines actions demeurent obligatoires lorsque vous transigez avec un courtier, telle la transmission de l'original du contrat de courtage. Vous devrez également informer le secrétariat de votre courtier des coordonnées du client-vendeur si vous ne réalisez pas par vous-même les prises de rendez-vous pour les visites. Ce ne sont que des exemples, mais vous devrez analyser toutes les étapes et démarches qui seront requises pour votre inscription et par la suite bien concevoir votre formulaire.

Ainsi, à l'image des autres procédures, si vous êtes interrompu pour une raison ou une autre, vous saurez rapidement ce qui fut réalisé versus ce qui ne l'est pas.

Étapes à suivre :   Contrat de Courtage

La méthode Immo-Succès

Avec une nouvelle inscription:

- **Faire saisie de données à la source MLS** d'après les documents suivants: contrat de courtage, mesures de la propriété, certificat de localisation, titres et solde du prêt, compte de taxes et factures diverses. Vérifier la rétribution si elle est de 7%. Donc mettre 3,5 rétribution vendeur ou selon les consignes de Sylvia.

Indiquer # de téléphone du ou des vendeurs et # MLS sur page frontispice du contrat de courtage.

- Avoir **copies** des documents suivants:

  Du contrat de courtage $\Rightarrow$ **Original à Dossier bureau**,
  - Une copie dossier à Sylvia

  Du   MLS $\Rightarrow$ **Une copie à Dossier bureau**,
  - Une copie dossier à Sylvia
  - Une copie cartable à Sylvia
  - Une copie cartable à Sylvia (valise)
  - Une copie avec photos dès que disponible pour la lettre au vendeur

Pour les Titres, Taxes et documents divers ramassés chez le client vendeur.

- Une copie complète des titres pour mon dossier.
- Faire photocopie complète du certificat de localisation et des comptes de taxes, solde de l'hypothèque et des factures de rénovations ou de contrat de location, et diverses pièces présentes au dossier.
- Pour dossier bureau: faire photocopie des pages frontispices et de signatures de l'acte de vente, de l'acte de prêt, du certificat de localisation ainsi que de son plan.
- Regrouper les documents originaux du vendeur dans une enveloppe qui lui est destinée. Déposer l'enveloppe à mon dossier.
- Faire poser la pancarte!

Remplir la feuille de remise de document au courtier

$\Rightarrow$ Original signé au courtier (dossier bureau),

- Une copie dossier à Sylvia. Si autre agent de mon bureau comme agent Co-inscripteur, lui remettre aussi une copie MLS et du contrat de courtage.
- Remettre à dossier bureau dans son plateau les originaux du contrat de courtage, le MLS et les copies faites et la feuille de "Remise de document au courtier" dans les plus brefs délais.

Si informations manquantes sur le document, faire ajout au dossier dès que nous recevons l'information et remettre à Dossier bureau avec # de MLS. Faire modification "Saisie à la source" si nécessaire. Se garder une copie de la correction en surlignant le changement apporté.

Commander certificat de localisation à un de nos arpenteurs, si formule à cet effet est signée par le vendeur.
Transcrire les informations sur le dessus du dossier inscription avec date d'expiration du contrat sur le 'tab'.
Poser enveloppe à l'intérieur du dossier pour y insérer les messages reçus. Entrer dans tiroir inscription.

Entrer dans "Prospect" les nouvelles informations. Mettre à l'agenda de Sylvia les dates importantes du contrat.
À mesure que des **modifications de conditions** (prix, dates ou inclus signé par le vendeur, ou autres) nous parviennent, les ajouter au dossier et à la saisie MLS sans oublier de remettre les originaux à Dossier bureau!

Envoyer **lettre de remerciements et de félicitations** au vendeur.
Voir à ce que les **Photos MLS** soient prêtes pour envoyer copie en couleur au client.
Voir à la qualité de **la photo pour la publicité** et préparer texte de publicités divers.

☑⇨ Lettre type accompagnant la nouvelle fiche descriptive

Lettre type accompagnant la nouvelle fiche descriptive à soumettre pour approbation au propriétaire vendeur qui vous a confié sa propriété à vendre. Tel que prévu au contrat de courtage, il est de notre devoir de lui transmettre sans délai.

La méthode Immo-Succès

(Logo) Ma compagnie X Inc.

Ville, le __, _____, 20__

Madame et Monsieur à vendre
XXX rue Tranquille
Quartier, Ville
X0X X0X

Objet : Description de la propriété sise au : _____, _____

Madame et Monsieur à vendre,

En rapport à la propriété ci-haut mentionnée, nous désirons vous aviser que nous avons fait parvenir à la Chambre Immobilière de _____, le contrat de courtage d'inscription « SIM-MLS » ainsi que la description, pour lequel vous nous avez mandatés.

Nous vous demandons de bien vouloir lire attentivement la description de la propriété et s'il s'avère que les informations sont inexactes, veuillez en aviser votre agent ou courtier le plus rapidement possible afin que nous puissions apporter les correctifs nécessaires.

Nous vous remercions de la confiance que vous nous témoignez et demeurons à votre entière disposition. Soyez assurés que tous les efforts seront faits pour atteindre notre objectif premier, soit vendre votre propriété dans les meilleures conditions possibles.

Salutations distinguées,

Sylvia Perreault
Agent immobilier agréé
Ma compagnie X Inc.
XXXX, boul. Principal Est
Bureau XXX, Quartier, Ville
T : (xxx) xxx-xxxx / F : (xxx) xxx-xxxx
Courriel:

- pièces jointes

☑⇨ **Lettre type accompagnant nouveaux comparables**

Cette lettre type jointe aux nouveaux comparables vendus doit être soumise à un propriétaire qui nous a confié sa propriété à vendre. Afin de l'informer de l'activité du marché et ainsi de l'informer des raisons pour lesquelles sa propriété ne se vend pas.

J'informe ainsi et explique souvent où et pourquoi ce charmant acheteur qui a visité sa maison et qui semblait tant l'aimer, a finalement acheté ailleurs et à quel prix!

Le tenir au courant des nouvelles propriétés inscrites peut aider un vendeur à maintenir son prix dans une gamme de prix plus compétitive. Lorsqu'on inscrit des propriétés à une certaine période de l'année où il y a peu de compétition à son produit, on peut se permettre de fixer son prix en haut de l'échèle puisque l'offre est basse, mais quand soudainement plusieurs propriétés ayant des atouts semblables entrent sur le marché, il est parfois nécessaire de réviser son prix à la baisse surtout si la propriété qui vous est confiée n'a pas les atouts les plus intéressants!

Plus vous le tiendrez informé, plus vous aurez sa collaboration, que ce soit en lien avec une réduction de prix possible ou des améliorations à apporter à sa propriété qui pourraient encourager sa vente.

Puisque maintenant tout le monde a une adresse internet, j'envoie maintenant ce mémo en entête de présentation dans le courriel qui contient les comparables en format PDF.

(Logo) **Ma compagnie X Inc.**

La méthode Immo-Succès

Madame et Monsieur à vendre
XXX, rue Tranquille
Laval, Québec
X7X XJX

Madame et Monsieur à vendre,

Je tiens à vous remercier encore de m'avoir confié votre propriété à vendre. Comme vous savez mon but est de vendre votre propriété dans les plus brefs délais au meilleur prix, avec le moins d'inconvénients pour vous.

Dernièrement, quelques propriétés se sont vendues dans votre secteur, et je me suis permis d'analyser pour vous ces ventes afin de m'assurer que nous sommes toujours à prix compétitif face à ces résultats.

Aussi, d'autres propriétés viennent d'être mises en vente près de chez vous. Il est donc important de vérifier ce qu'elles offrent par rapport à la vôtre. Je joins à cette lettre les descriptions de ces propriétés. Si vous souhaitez discuter de votre positionnement actuel de vendeur par rapport à l'offre qui prévaut dans votre secteur, il me fera plaisir de fixer un rendez-vous à votre convenance.

Contactez-moi au XXX-XXX-XXXX

Meilleures salutations,

Sylvia Perreault
Agent immobilier agréé
Ma compagnie X Inc.
XXXX, boul. Principal Est, bureau XXX
Ville, province
T: (xxx) xxx-xxxx / F: (xxx) xxx-xxxx
Courriel: sylvia@sylviaperreault.com

☑⇨ Lettre accompagnant toute publicité remise aux clients bénéficiant de mes services

Cette lettre est acheminée au client vendeur dans le but de l'informer des publicités qui sont prévues pour annoncer sa propriété, et ce, selon l'entente au contrat de courtage.

(Logo) Ma compagnie X Inc.

La méthode Immo-Succès

Le _____ mois _____

Madame, Monsieur,

Vous trouverez, ci-inclus, un exemple de publicité qui est placée régulièrement dans ce magazine disponible un peu partout gratuitement (pharmacie, banque, marché d'alimentation).

Pour toute question ou commentaire, n'hésitez pas à communiquer avec moi ou un des membres de mon équipe. Nous demeurons à votre entière disposition.

Veuillez agréer, Madame, Monsieur l'expression de nos meilleurs sentiments.

Sylvia Perreault
Agent immobilier agréé
Ma compagnie X Inc.
XXXX, boul. Principal Est, bureau XXX
Ville, province
T: (xxx) xxx-xxxx / F: (xxx) xxx-xxxx
Courriel: sylvia@sylviaperreault.com

P.j. :

-4-

Tout ce dont vous avez besoin

pour le suivi et le service après vente

de votre inscription

☑⇨ Feuille de Route – Vente

Ce formulaire est un guide très pertinent et des plus utiles tenant compte de toutes les activités essentielles à la réalisation d'une vente. Prenez-en connaissance, appliquez-le judicieusement et votre transaction immobilière sera en tout point réussie. Toutefois, vous pouvez vous-en servir comme exemple, afin de le personnaliser, considérant vos propres suivis.

Cet aide-mémoire est agrafé dans le couvert du dossier client et rempli au fur et à mesure des événements.

Vente de mon inscription par un autre courtier

La méthode Immo-Succès

Vente de mon inscription par un autre Courtier

Vente Remis au bureau le: _____

Description MLS	☐
Originale offre d'achat complet	☐
Rapport de vente	☐
Modification Insp. en bâtiment	☐
Acceptation hypothécaire	☐
Mémo a l'autre Courtier	☐
- Nom du notaire	☐
- Coord. Acheteurs et vendeurs	☐
- Chèque de dépôt et copie	☐
Accusé de récept. hypothécaire	☐
Obtentions des titres du vendeur	☐
Factures et titres envoyer notaire	☐
Poser vendu	☐
Lettres de remerciements envoyées	☐
Dossier tiroir avec date de notaire	☐
Autres _____	☐
Autres _____	☐

☑️➡️ **Procédure de bureau**
¨**Offre d'achat – Inscripteur**¨

Ce guide décrivant la procédure à suivre dans le cas d'une offre d'achat reçue en tant qu'inscripteur est un aide-mémoire précieux pour l'agent impliqué. Il englobe toutes les étapes importantes et permet également à l'adjointe ou à un nouvel agent en formation de se familiariser avec la procédure à suivre lors d'une vente. Ce document vous est fournit à titre d'exemple ; il y aurait lieu de l'adapter à vos besoins.

De plus, elle devra être ajustée en conséquence des exigences de votre courtier.

Étapes à suivre pour OFFRE D'ACHAT

La méthode Immo-Succès

1- Je suis inscripteur et collaborateur:

- Avoir **3 copies** des documents suivants:
    - De l'offre,
    - **Du chèque**
    - Du MLS   ⇒ **Original + une copie au bureau,**
        - -Une copie dossier de l'agent.
        - -Une copie pour le notaire de l'acheteur

Prendre la copie du dossier pour faxer à la banque de l'acheteur si nécessaire. (Ex: pour la banque de Mtl ; son agent hypothécaire si c'est elle qui fait le prêt et qui a déjà pré-qualifié mes clients)

Attention: La dernière contre proposition est toujours la décisive et elle doit être acceptée et faire l'objet d'un accusé de réception!

Mettre collant sur le tab du dossier avec les dates ou délais de conditions à respecter.

Rapport de transaction   ⇒ Original **au bureau**, Une copie au dossier de l'agent. (Si autre agent de mon bureau comme agent vendeur, lui remettre aussi une copie du rapport de transaction.)

Vérifier la rétribution : si rien n'est indiqué sur une modification, elle est celle inscrite sur le contrat de courtage.

Remettre **au bureau** (dans son plateau) l'offre, le chèque et le rapport de transaction dans les plus brefs délais.

À mesure que les **modifications de conditions** (inspection, financement avec accusé de réception signé par le vendeur, ou autres) nous parviennent, les ajouter au dossier sans oublier de remettre les originaux **au bureau!**

Si informations manquantes sur le rapport de transaction, faire corrections dès que nous recevons l'information sur copie du rapport que j'ai, le surligner et remettre une copie **au bureau** avec # de transaction du bureau, si je l'ai obtenu. Se garder une copie de la/ des corrections.

2- Si vendu par agent collaborateur d'un autre courtier : lui faxer feuille d'information relative à la transaction dans le but d'obtenir les informations manquantes (# de courtier et d'agent, coordonnées des acheteurs et choix du notaire pour pouvoir compléter le rapport de transaction).

Pour les 2 cas : Remplir **feuille remise de document au notaire** et compléter dès que nous parviennent les informations. Garder une copie au dossier.

Commander certificat de localisation à un de nos arpenteurs avec le formulaire à cet effet et faire signer par le vendeur si pas déjà fait.

Préparer **lettre d'envoi de documents au notaire**. Regrouper les documents du notaire dans une enveloppe qui lui est destinée. Vérifier que j'ai une copie des titres et des comptes de taxes, factures de rénovations de même que la copie de la facture de mes services à mon dossier.

Entrer dans « Prospect » les nouvelles informations.

Lorsque toutes les conditions sont remplies, cette **offre est ferme**, on peut envoyer les titres et les copies de l'offre au notaire. Ne pas oublier **la facture!**

Envoyer **lettre de félicitations** au vendeur et l'agent collaborateur.

☑ ⇨ Lettre de remerciements — «C'est vendu!»

Une lettre de remerciements adressée au vendeur, suite à l'offre d'achat acceptée et les conditions toutes remplies, démontre votre professionnalisme et c'est toujours apprécié. Par la même occasion, vous pouvez informer ce vendeur du nom du notaire retenu par l'acheteur en ce qui a trait au notaire puisque c'est généralement ce dernier qui a l'opportunité d'arrêter sa préférence sur le notaire qui lui convient.

Dans cette lettre, j'explique aussi que le travail de l'agent est terminé à ce stade-ci puisque c'est la responsabilité du notaire de convoquer les parties. Je l'invite à communiquer avec moi, s'il requiert ma présence à cette rencontre entre les parties. J'en profite enfin pour leur demander une référence, car c'est le meilleur moment de le faire lorsqu'ils ont vendu et qu'ils se sont dits heureux de vos services!

En terminant, je crois important de préciser que cette lettre est naturellement envoyée par poste et dûment signée de ma main.

(Logo) Ma compagnie X Inc.   *La méthode Immo-Succès*

Ville, le _____

Madame et Monsieur Bellefleur

_____

_____

_____

_____

Madame, Monsieur,

Par la présente, j'aimerais vous féliciter pour la vente de votre propriété et vous remercier de la confiance envers que vous nous avez témoignée. Ce fut un plaisir de faire affaires avec vous! N'hésitez pas à me contacter pour toute autre information ou pour nous référer un de vos proches pour l'achat ou la vente d'une nouvelle maison. Je serais enchantée de leur offrir les mêmes services de qualité.

Je vous informe que le notaire suivant a été mandaté pour la finalisation de la vente:

         Me _____
         _____, bureau _____
         _____, _____
         _____
         Tél.: (____) ____-_____ / Fax.: (____) ____-_____

Celui-ci a donc la responsabilité de rédiger l'acte de vente conformément à la promesse d'achat, en respectant les délais et de communiquer avec vous, quelques jours avant la signature de l'acte de vente, pour fixer le rendez-vous. Si vous désirez ma présence lors de la rencontre avec le notaire, n'hésitez pas à m'en faire part. Il me fera plaisir de vous y accompagner, si mon agenda le permet.

Veuillez agréer Madame, Monsieur; l'expression de mes sentiments les plus distingués.

Sylvia Perreault
Agent immobilier agréé
Ma compagnie X Inc.
XXXX, boul. Principal Est
Bureau XXX, Quartier, Ville
T: (xxx) xxx-xxxx / F: (xxx) xxx-xxxx

☑⇨ Avant de mettre la clé sous la porte...

Ce document s'avère des plus utiles pour un client-vendeur dans le feu de l'action et vivant des émotions fortes, suite à la vente de sa propriété. En plus d'être un aide-mémoire précieux, il devient un élément essentiel d'un service après-vente qui se distingue.

Je vous recommande, cependant, de le mettre à jour une fois par année (coûts, numéros de téléphone et liens internet*), si vous voulez qu'il demeure un document pratique.

Cet aide-mémoire accompagne la lettre de remerciements de la page précédente.

* Avec les coordonnées des bureaux régionaux et les tarifs en vigueur à cette date.

La méthode Immo-Succès

* * * * * *
AVANT DE METTRE LA CLÉ SOUS LA PORTE...

- Informer la Société canadienne des postes (514-344-8822 ou www.postescanada.ca) afin de faire suivre le courrier, car on oublie toujours d'informer quelques correspondants. Pour faire suivre le courrier pour une période de 6 mois, il vous en coûtera 33$ plus taxes*. Ce service peut être prolongé pour un autre période de 6 mois en autant que vous déboursez à nouveau 33$*

Vous devez principalement informer vos parents et amis-es de votre déménagement éventuel.

Aviser également* :

- Votre employeur.
- Bell Canada : 310-BELL ou 310-2355 ou www.bell.ca le coût d'un nouveau branchement est de 55$ plus taxes
- Hydro-Québec / 514-385-7252 ou www.hydroquebec.com. Le coût d'un réabonnement est de 20$ si un compte est préalablement détenu, et cela, depuis les 5 dernières années ; si c'est un premier compte ou si le dernier date de plus de 5 ans, vous devrez verser 50$.
- Gaz Métropolitain : 514-598-3222 ou www.gazmetro.com
- Vidéotron / 514-281-1711 ou www.videotron.com
- Régie du logement : 514-873-2245 ou www.rdl.gouv.qc.ca
- Régie de l'assurance-maladie du Québec : 514-864-3411 ou www.ramq.gouv.qc.ca
- Société de l'assurance automobile du Québec : 514-873-7620 ou www.saq.com le changement d'adresse doit être signalé au plus tard 30 jours après le déménagement, sous peine d'une amende de 60$.
- Revenu Québec : 514-864-6299 ou www.revenu.gouv.qc.ca
- Revenu Canada : 514-283-6715 ou www.ccra-adrc.gc.ca
- Votre institution financière – carte(s) de crédit
- Votre assureur
- Divers abonnements: revue(s), journaux…

* (coordonnées des bureaux régionaux et les tarifs en vigueur à cette date)

À noter : Tarifs en vigueur au moment de la publication; tous les montants indiqués devraient être revalider, et ne pas oublier que les taxes sont applicables
Bon déménagement !

SYLVIA PERREAULT
Agent immobilier agréé

* * * * * *

☑⇨ **Lettre de remerciements —**
«C'est vendu avec témoignage SVP?»

Cette lettre m'a été très utile pour oser demander des témoignages et une lettre de références, que ce soit pour mon cartable de présentation ou, maintenant, pour enrichir mon site internet.

Lorsque demandé par écrit, cette démarche semble être prise plus au sérieux, d'autant plus que je me suis permise de leur donner quelques exemples pour les aider à composer leur petit mot!

Cette lettre est naturellement envoyée par la poste et dûment signée à la main.

La méthode Immo-Succès

Date _____

Madame et Monsieur Le vendeur Heureux

_____, _____

_____, (Québec)

_____

Madame, Monsieur,

Je vous remercie très sincèrement pour la confiance que vous avez placée en moi avec le mandat de vous assister dans la vente de votre propriété située au _____, _____, à _____.

Sachez que ce témoignage de confiance m'a motivée à tout mettre en œuvre, afin de vous aider à réaliser une transaction réussie.

La vente ou l'achat d'une propriété est une grande étape dans la vie des gens et cela me tient à cœur. N'hésitez donc pas à me référer à vos proches et amis; il me fera un grand plaisir de leur offrir le même service dévoué dans la vente ou la recherche d'une propriété.

En terminant, permettez-moi de vous demander une lettre de références que j'ajouterai à mon site internet et à mon cartable de présentation. (A noter : Vous trouverez des exemples de lettres de référence à l'endos de cette feuille si vous manquez d'inspiration!)

Je vous remercie encore chaleureusement et vous prie d'agréer, Monsieur, Madame, l'expression de mes sentiments les plus distingués.

Sylvia Perreault,
Agent immobilier agréé
Ma compagnie X Inc.
XXXX, boul. Principal Est
Bureau XXX, Quartier, Ville
T: (xxx) xxx-xxxx / F: (xxx) xxx-xxxx

P.S.: En tout temps, si des questions devaient surgir à votre esprit, n'hésitez pas à communiquer avec moi.

DE QUOI VOUS INSPIRER...!

EXEMPLES DE LETTRES DE RÉFÉRENCE

Exemple 1:

Mesdames, Messieurs,

Par la présente, j'aimerais vous référer Mme Sylvia Perreault, agent immobilier agréé de Ma compagnie Inc. À l'aide de ses services, nous avons pu vendre notre propriété avec une très grande satisfaction. Son expérience et son professionnalisme ont permis de nous guider efficacement dans la vente de notre maison. Elle a su nous rassurer à toutes les étapes du processus, nous permettant ainsi de continuer notre vie professionnelle et personnelle tout en étant très à l'aise et en confiance. Nous sommes la preuve qu'avec Sylvia Perreault c'est plus que possible!
À vous d'en juger!

Meilleures salutations,

_____

(Nom et signature)

Exemple 2:

Mesdames, Messieurs,

Il me fait plaisir de vous référer Mme Sylvia Perreault comme agent immobilier agréé. À l'aide de ses services nous avons vendu notre propriété rapidement avec satisfaction. Son expérience dans le milieu et sa passion pour le métier ont su ressortir tout au long de notre association, et elle a su bien nous informer et nous mettre en confiance.
Elle est notre choix numéro un!

Veuillez agréer l'expression de mes meilleurs sentiments.

_____

(Nom et signature)

EXEMPLE DE LETTRE DE RÉFÉRENCE: ACHETEURS

M. ou Mme _____ ,

Par la présente, j'aimerais vous référer Mme Sylvia Perreault, agent immobilier agréé de Ma compagnie Inc. À l'aide de ses services, nous avons pu trouver une maison qui répondait vraiment à nos besoins. Elle a su nous guider habilement grâce à son expérience et à son professionnalisme tout en nous informant adéquatement tout au long du processus. Elle a gagné toute notre confiance.
Pour obtenir entière satisfaction, elle est notre choix numéro un!

Veuillez agréer l'expression de mes meilleurs sentiments.

_____

(Nom et signature)

☑⇨ **Certificat de localisation**

Lorsqu'un propriétaire vendeur me mandate pour faire préparer le certificat de localisation par un des arpenteurs que je lui ai référés, je lui fais signer un premier document d'autorisation qui servira de confirmation écrite. Je m'assure ainsi qu'il n'y a pas d'imbroglio sur cette démarche et qu'un deuxième ne sera pas commandé par erreur.

Le deuxième document est celui que j'envoie à l'arpenteur.

Vous remarquerez aussi que le notaire sera informé par écrit sur le formulaire de la page 107 «ENVOI NOTAIRE» du choix de l'arpenteur et de ses coordonnés pour qu'il puisse être en mesure de le rejoindre.

La méthode Immo-Succès

Logo

CERTIFICAT DE LOCALISATION

Par la présente, nous vous informons que le certificat de localisation sera réalisé par

l'arpenteur-géomètre: _____.

Soyez informés que les frais vous seront facturés ou retenus lors de l'acte notarié.

Signature des vendeurs: _____

                        _____

Date: _____

La méthode Immo-Succès

Demande pour nouveau certificat de localisation

Date de la demande: _____

Demandé par: _____

Nom du bureau: _____

Bur #: (_____)_____ Cell. #: (_____)_____

Coordonnées de la propriété:

Adresse: _____

Lot(s): _____

Cadastre: _____

Copie d'un ancien certificat de localisation oui ☐ non ☐

Coordonnées du propriétaire:

Nom: _____

Adresse: _____

Maison #: (_____)_____ Bureau #: (_____)_____

Coordonnées du notaire:

Nom: _____

Adresse: _____

Bureau #: (_____)_____ Fax #: (_____)_____

Facturé à qui:

Propriétaire ☐ Notaire ☐ Agent ☐

Signature des propriétaires: _____

_____

Livré à qui:

Propriétaire ☐ Notaire ☐ Agent ☐

Acte notarié le: _____

Date requise: _____

Remarques:

_____
_____
_____

☑⇨ Envoi notaire
(lorsque je suis inscripteur)

Ce formulaire est très important et des plus précieux puisqu'il détaille tous les renseignements essentiels, soit les coordonnées des vendeurs et acheteurs, mais surtout, il énumère tous les documents originaux et les titres que vous lui acheminez.

Conservez judicieusement une copie de cet envoi, car dorénavant, et par cette transmission avec accusé de réception, c'est lui qui détient l'entière responsabilité des titres et documents relatifs à la propriété vendue.

La méthode Immo-Succès

(Logo) Ma compagnie X Inc.   Le ____ du mois de_____ , _____
                                            À l'attention de:

                                            Maître _____ , notaire

OBJET: Vente prévue le ou avant le _____

de la propriété sise au: _____, _____, _____

ACHETEURS: _____ et _____

       Tél: _____ et _____

VENDEURS: _____ et _____

       Tél: _____ et _____

❑ Veuillez nous informer de la date et de l'heure de l'acte notarié; l'agent Sylvia Perreault désire être présente

❑ Bien que notre présence ne soit pas requise pour l'acte notarié de la propriété citée en titre, nous vous prions tout de même de nous faire part de la date et de l'heure planifiée.

Il me fait plaisir de vous faire parvenir une copie des documents suivants pour la vente de la propriété mentionnée en rubrique.

- ____ Description M.L.S.   - ____ Acte de vente
- ____ Copie du chèque de dépôt _____$ - ____ Acte de prêt
- ____ Confirmation hypothécaire   - ____ Quittance
- ____ Compte de taxes - Mun.: ___Scol: ___ - ____ Baux
- ____ Certificat de localisation   - Autre _____
- ____ Un nouveau certificat de localisation est en   - Autre _____
       préparation chez_____   - Autre _____
       et vous parviendra le _____ - Autre _____
- ____ Facture du Courtier Ma compagnie X Inc.   - Autre _____

- Promesse d'achat   PA _____   - Contre-proposition: CP _____
- Annexe A   AA _____   - Contre-proposition: CP _____
- Annexe B   AB _____   - Contre-proposition finale: CP _____
- Annexe G   AG _____   - Modification: M0 _____
- Autre   _____   - Divulgation: DV _____

Espérant le tout à votre satisfaction,

Sylvia Perreault   **VEUILLEZ NOUS RETOURNER CET ACCUSÉ DE**
Agent Immobilier Agréé   **RÉCEPTION PAR TÉLÉCOPIEUR. Merci.**
Ma compagnie X Inc.

☑⇨Remise de clés chez un notaire

La lettre suivante est adressée au notaire relativement à la remise des clés d'une propriété vendue. Ainsi, lorsque les clés me sont confiées, que ce soit par le biais d'une compagnie de relogement ou par le gestionnaire des reprises bancaires, j'ai la responsabilité de les remettre à l'acheteur par l'entremise du notaire. J'utilise ce formulaire pour l'informer clairement des règles de cette remise des clés, et d'une recommandation importante qu'il devra transmettre aux acheteurs au moment de leur remettre.

La méthode Immo-Succès

Ville, le __, _____, 20__

Me _____

_____, suite _____

_____

_____

Objet: Adr.:_____,_____.

Me _____

Veuillez trouver, ci-inclus, une clef pour la propriété mentionnée en rubrique. Je compte sur vous pour la remettre **uniquement** lorsque l'acte de vente sera dûment signé par les acheteurs.

Je vous recommande aussi de prévenir l'acheteur de changer la serrure, puisque cette clé est passée entre les mains de plusieurs intervenants depuis la mise en marché de cette propriété.

Espérant le tout conforme à vos attentes, je vous remercie de votre collaboration.

Sylvia Perreault,
Agent immobilier agréé
Ma compagnie X Inc.
XXXX, boul. Principal Est
Bureau XXX, Quartier, Ville
T: (xxx) xxx-xxxx / F: (xxx) xxx-xxxx

☑⇨Mémo rappel agent collaborateur

Ce mémo est très utile car en plus de féliciter l'agent collaborateur pour la vente de votre inscription, il énumère les documents et renseignements qui vous sont requis afin de finaliser cette transaction. De toute évidence, vous ne spécifiez que les renseignements ou documents que vous ne détenez pas déjà.

J'envoie celui-ci par télécopieur en même temps que je lui transmets divers documents, comme l'acceptation d'une offre d'achat ou l'accusé de réception d'une contre-proposition acceptée.

(Logo) Ma compagnie X Inc.

La méthode Immo-Succès

Date: _____

MÉMO DE SYLVIA PERREAULT

Destinataire: __Agent collaborateur_____

Télécopieur: _____

PAR LA PRÉSENTE, J'AIMERAIS VOUS FÉLICITER POUR LA VENTE DU:

_____

Afin de compléter la transaction, selon les règlements de l'ACAIQ, veuillez me faire parvenir les documents suivants dans les plus brefs délais.

- ☐ Originaux de la promesse d'achat, contre-propositions et modifications, s'il y a lieu.
- ☐ Le chèque de dépôt
- ☐ Confirmation du financement hypothécaire
- ☐ Coordonnées du notaire instrumentant
- ☐ Numéro de téléphone de l'acheteur
- ☐ Numéro de l'ACAIQ du courtier et de l'agent
- ☐ Numéro de permis de l'agent et votre code du bureau de la CIGM
- ☐ _____

Vous remerciant de l'attention que vous porterez à la présente.

Sylvia Perreault
Agent immobilier agrée
Ma compagnie X Inc.
Cigm: XXXXX- ABCXXX
Voici mon numéro de permis de l'A.C.A.I.Q.: XXXXX
et mon numéro de courtier: XXXXX

☑⇨Lettre de remerciements —
À l'agent inscripteur

Cette fois, c'est une lettre de remerciements que vous adressez à l'agent inscripteur quelques jours après que toutes les étapes de la transaction soient terminées. Une telle initiative, tel que spécifié dans la lettre, encourage et facilite les relations d'affaires. Cette lettre est naturellement envoyée par la poste et dûment signée de votre main.

Je reçois fréquemment un coup de téléphone appréciatif suite à cet envoi.

Vous vous souvenez? Nous sommes tous des <u>amis</u>!

(Logo) Ma compagnie X Inc.

La méthode Immo-Succès

_____, le _____

Agent _____

_____

_____

_____

_____

OBJET: Vente du _____, rue _____, _____, _____

Bonjour,

Par la présente, je tiens à te remercier et à te féliciter pour ton excellente collaboration lors de notre dernière transaction ensemble.

Toujours, j'encouragerai et favoriserai des relations d'affaires avec des professionnels tels que toi.

Encore une fois, félicitations !!!

Sylvia Perreault
Agent immobilier agréé
Ma compagnie X Inc.
XXXX, boul. Principal Est
Bureau XXX, Quartier, Ville
T: (xxx) xxx-xxxx / F: (xxx) xxx-xxxx

-5-

Tout ce dont vous avez besoin

pour le travail avec un acheteur

☑⇨ Comment monter un dossier pour le travail avec un acheteur

J'ai toujours en réserve quelques dossiers vierges prêts à emporter. Pour chaque nouvel acheteur, j'ouvre un dossier à son nom dans lequel je garde, consignés par écrit, toutes les propriétés visitées, copies des fiches descriptives et messages reçus de part et d'autre. Je suis ainsi en mesure de suivre le cheminement de mon acheteur et de retrouver facilement les documents le concernant. Je suis surtout prête à prendre une promesse d'achat avec, en mains, tous les documents requis!

Trucs et astuces !

Différenciez vos dossiers «inscription» ou «acheteur» par des couleurs différentes, de même que pour les dossiers des membres de votre équipe en choisissant des couleurs différentes pour chacun. Ainsi du premier coup d'œil votre assistante pourra reconnaître à qui appartient le dossier par exemple: Inscription : blanc. Acheteur : bleu/Charles André et bourgogne/Sylvia

Comment monter un dossier pour le travail avec un acheteur

Dans une chemise de format légal et de couleur distincte pour vos dossiers « Acheteurs » et bien identifiée au nom de vos acheteurs, vous y déposerez ces formulaires en prévision de leur utilité:

1. Formulaire détaillé sur les renseignements et besoins des acheteurs.

2. Formulaire « Budget d'achat d'une propriété » démontrant à l'acheteur les dépenses afférentes à l'achat d'une propriété.

3. Brochures d'information, par exemple: vos services, des services de votre franchiseurs (si applicable), de l'inspection d'une propriété (l'obtenir de votre inspecteur ou de votre association) et des cartes d'affaires de prêteurs hypothécaires.

4. Chemise de présentation au client (format légal) avec le logo du courtier/franchiseur, avec votre carte d'affaires dûment attachée. Vous y déposez vos formulaires de promesse d'achat obligatoires et en remettrez ainsi une copie impeccable à vos clients.

5. Promesse d'achat et annexes A, B et G et modification.

6. Formulaire de renonciation à une inspection.

☑⇨ **Fiche du client acheteur**

Lorsque vous rencontrez, pour la première fois, des clients qui veulent acquérir une propriété, ce formulaire vous sera essentiel pour connaître précisément ce que ceux-ci recherchent. Vous serez en mesure de cibler leurs besoins et leurs critères d'achat avec les ¨ **Questions** 🔑 ¨ [3] pour ensuite trouver une propriété qui sera parfaite pour eux.

Cette fiche élabore les critères de recherche de votre acheteur. Certains clients ont des indications et critères de recherche bien précis qu'ils désirent absolument. Ainsi, vos recherches seront significatives et appréciées, si vous respectez les besoins de vos clients. Je m'en sers donc lors de mon premier contact avec eux afin de bien cibler leurs besoins et impératifs d'achat.

---

[3] Voir le chapitre : « Les **questions** 🔑 parlent pour moi ! » du Tome II.

(Logo) Ma compagnie X Inc.   *La méthode Immo-Succès*

FICHE DU CLIENT – ACHETEUR

NOM DE L'ACHETEUR: _____

ADRESSE ACTUELLE: _____
  TÉLÉPHONE (RÉS.): _____ **(CELL.):** _____ **(BUR.):** _____

RENSEIGNEMENTS PERSONNELS:

	ACHETEUR	CONJOINT
NOM DE L'EMPLOYEUR		
NATURE / ENTREPRISE		
POSTE OCCUPÉ		
DURÉE DE L'EMPLOI		
REVENU ANNUEL		
REV. ANNÉE PRÉCÉDENTE		

PROPRIÉTAIRE(S)	❑ OUI	❑ NON
PROPRIÉTÉ(S) À VENDRE	❑ OUI	❑ NON
BAIL	❑ OUI	❑ NON

RENSEIGNEMENTS SUR LA PROPRIÉTÉ RECHERCHÉE:

GENRE DE PROPRIÉTÉ: DATE D'OCCUPATION:

SECTEUR(S) PRÉFÉRÉ(S):

PROXIMITÉ DES ÉCOLES ❑   MAGASINS ❑   ÉGLISE ❑
       TRANSPORTS ❑   AUTOROUTES ❑   AUTRES ❑

DÉTAIL DU PLAN:

CAC	SDB	SDL	SAM
S/S FINI	FOYER	TERRAIN	PISCINE
GARAGE	ABRI	NBRE DE VOITURES	

CHAUFFAGE PRÉFÉRÉ: 1)   2)

EXIGENCES PARTICULIÈRES:

VISITE(S):   JOUR ❑   SOIR ❑   FIN DE SEMAINE ❑

FINANCEMENT: PRÉ-QUALIFIER?:
  PRIX APPROXIMATIF: COMPTANT APPROXIMATIF:

COMMENTAIRE(S):

☑⇨ **Bilan de l'acheteur**

Ce formulaire, à l'exemple du bilan-vendeur, ne sert pas à décourager mais bien à informer vos clients-acheteurs éventuels des frais et des dépenses encourus par l'achat d'une propriété. Il détermine le sérieux et l'aptitude de ceux-ci à acheter une propriété. On y retrouve les dépenses relatives aux déménagements, frais de notaire et à l'inspection du bâtiment. Ce formulaire leur permet de mieux budgéter leur acquisition. Souvent des personnes se croient prêtes à acheter, mais négligent ces frais. Il est souvent arrivé que des clients m'aient remerciée de leur avoir fait remarquer qu'il y avait d'autres frais, (qui sont en moyenne autour de 4000$ à 5000$), et cela les a incités à mettre un peu plus d'argent de côté, en plus d'être éligibles à un emprunt hypothécaire.

Je m'en sers avec tous mes acheteurs. Je leurs laisse une copie donc j'utilise, dans ce cas-ci, le papier carbone à cette fin.

Il est intéressant de savoir qu'à l'extérieur du Québec un agent a l'obligation, et ce, dans le contrat, de divulguer à l'acheteur tous les frais auxquels il s'engage en déposant une offre d'achat. Nous n'avons pas encore cette obligation au Québec, mais moi je préfère prendre les devants, et mes acheteurs sont très heureux de mon initiative.

Je ne vous cacherai pas que certains acheteurs, après avoir fait les calculs avec moi, ont disparu avant de signer l'offre d'achat! Ils n'avaient probablement pas pensé à toutes ces dépenses à prévoir.

(Logo) Ma compagnie X Inc.   **La méthode Immo-Succès**

BILAN DE L'ACHETEUR

PRIX D'ACHAT _____ $ **COMPTANT** _____ $

CALCUL MENSUEL	DÉPENSES
Taux _____% amorti sur _____ ans	Droit de mutation _____ $
	0.5% du 1er 50,000$
Montant de l'hypothèque _____ $	1.0% de 50,001$ à 250,000$
+	1.5% de 250,001$ et plus
Prime S.C.H.L. _____ $	
*5% 2.75 * 15% 1.75	Frais de notaire (~1,200$) _____ $
10% 2.00 * 20% 1.00 Sous-total $ _____	Ajustement des taxes (chez le notaire):
Pour 25 ans amort.	Taxes municipales _____ $
	Taxes scolaires _____ $
Versement mensuel _____ $	(prorata / jours d'occupation) _____ $
Taxes: mun. et scol. ÷12 _____ $	Assurances habitation _____ $
Sous-total _____ $	
	Déménagement _____ $
Chauffage: _____ $ ÷12 _____ $	
Frais de condo _____ $	Frais d'ouvert. de dossier Hyp. _____ $
	Taxe sur prime assurance Hyp. _____ $
Sous-total des versements _____ $	x 9 % _____ $
* ABD _____ x 12 _____ $	
	Inspection en bâtiment (~500$) _____ $
Emprunt personnel _____ $	
Carte de crédit _____ $	Dépenses diverses _____ $
Total des versements _____ $	Autre(s): _____ _____ $
* ATD _____ x 12 _____ $	
	Total des dépenses _____ $

*Veuillez noter que ces montants sont sujets à changements et qu'ils sont approximatifs

Revenu brut _____ $

* A.B.D. _____ %
   A.B.D. % Amortissement brut de dette (A.D.B.)
   = CAP., INT., TAXES, CHAUFFAGE, / REVENU BRUT

* A.T.D. _____ %
   A.T.D. % Amortissement total de la dette (A.T.D.)
   = TOTAL DES VERSEMENTS / REVENU BRUT

☑⇨ Voici le tableau des primes pour les prêts assurés (2008)

Voici une information très utile lorsque que vous faites le budget acheteur et les calculs afférents à son offre d'achat.

Assurez-vous de toujours mettre à jour ce tableau pour ne pas induire vos clients en erreur. Voici, dans le tableau du haut, les taux de l'année 2008 en guise d'exemple. À cet effet, je vous illustre un tableau en blanc prêt à être rempli si ces taux changent!

Je reçois régulièrement des institutions bancaires les feuilles de taux hypothécaires du jour, que je glisse dans ma valise à portée de main et que j'affiche au mur de mon bureau, sur le babillard prévu à cet effet. Ce sont des informations essentielles à nos services et surtout utiles à la prise et à la négociation d'une offre d'achat.

La méthode Immo-Succès

Tableau des primes pour les prêts assurés (exemple)

(2008)

Mise de fonds	Prime sur 25 ans	Prime sur 30 ans	Prime sur 35 ans	Prime sur 40 ans
5%	2,75%	2,95%	3,15%	3,35%
10%	2,00%	2,20%	2,40%	2,60%
15%	1,75%	1,95%	2,15%	2,35%
20%	1,00%	1,20%	1,40%	1,60%

Tableau des primes pour les prêts assurés à mettre à jour
(à compléter au besoin)

Année _____

Mise de fonds	Prime sur 25 ans	Prime sur 30 ans	Prime sur 35 ans	Prime sur 40 ans
5%	%	%	%	%
10%	%	%	%	%
15%	%	%	%	%
20%	%	%	%	%

☑⇨ **Démarches pré et post-achat**

Voici un document qui ne laisse aucun mystère sur le temps et les efforts que le consommateur-acheteur devra engager dans l'acquisition d'une nouvelle propriété avec mes services.

Je lui remets ce document dès notre première rencontre, ou parfois je l'envoie par courriel avec les fiches descriptives qu'on me demande, ou encore lorsque je fais visiter une de mes inscriptions à un acheteur sérieux. S'il désire continuer de travailler avec moi, il saura à quoi s'attendre !

Ainsi informés, mes clients me passent la moitié moins de coups de fil de questions et cela évite les crises de panique inutile car ils se sentent rassurés et impliqués dans leurs démarches.

Ils comprennent dès le départ leurs responsabilités et apprécient que je les en informe à l'avance, car heureux de cette nouvelle aventure et pas encore pris dans le stress que cela implique, ils sont plus réceptifs et volontaires à faire leur part et leurs efforts. Les attentes de part et d'autre sont claires.

La méthode Immo-Succès

Voici les étapes pour vous faciliter l'expérience d'achat d'une propriété

o **Pour avoir votre pré-qualification hypothécaire, vous devez avoir déjà en main les documents suivants:**
   - Talon le plus récent de votre paie
   - Lettre de votre employeur confirmant votre emploi sans délai de probation, avec date de mise en fonction et confirmant votre salaire annuel
   - Copie de vos plus récents avis de cotisation des gouvernements
   - Liste de vos avoirs et dettes
     Preuve de la provenance de votre comptant

Votre responsabilité: Ne pas attendre à la dernière minute pour obtenir votre financement et négocier votre taux et vos conditions avec votre prêteur hypothécaire, car les délais sur l'offre d'achat seront très courts à cet égard.

Dès que votre offre sera acceptée, vous devez communiquer avec votre prêteur préalablement choisi et lui faire parvenir les documents suivants:
   - Offre d'achat complète et ses annexes
   - Description MLS (fiche descriptive de votre nouvelle acquisition)
   - Certificat de localisation
   - Compte de taxes
   - Dépenses et devis des travaux prévus, si vous désirez les financer au même moment
   - Baux
   - Note explicative des délais que vous devez respecter pour obtenir votre financement final sans condition et par écrit, dûment signé par un responsable autorisé à le faire
   - Coordonnées complètes de votre agent immobilier afin que l'institution choisie fasse parvenir une copie de cette acceptation finale

Afin de faire de cette démarche une expérience d'achat harmonieuse, je vous recommande de prendre aussi le temps requis pour les nombreuses étapes précédant et suivant votre coup de cœur!

Voici un aperçu des étapes et temps requis en ma compagnie:
   - Rencontre avec votre agent pour déterminer vos besoins : 1h
   - Choix de propriétés sur base de données MLS avec votre agent : 1h
   - Pré-visites de l'extérieur des propriétés choisies et de leur environnement : 1h30 (sans votre agent)
     Attention: Ne visitez pas l'intérieur sans votre agent, même si on vous y invite par le propriétaire ou son agent, car je ne pourrais plus vous aider dans votre représentation auprès d'eux.
   - Visite à l'intérieur des propriétés répondant aux besoins et ayant passé le test de la pré-visite extérieure : 2h (avec votre agent)
   - Rédaction d'une offre d'achat avec explications et lecture entière de celle-ci : 1h30
   - Rencontre pour négociation d'une contre-offre, si nécessaire, et signature des accusés de réception requis : 1/2h
   - Inspection en bâtiment, ou lecture de documents requis dans les conditions de l'offre d'achat : 2h30
   - Acte notarié : 1h

Je vous remercie de votre confiance et il me fera plaisir de vous rendre cette démarche d'acquisition agréable, avec votre collaboration et le temps que vous y consacrerez.

Sylvia Perreault, agent immobilier agréé, Ma compagnie X Inc.

☑⇨ Lettre accompagnant toutes fiches descriptives remises aux clients bénéficiant de mes services

Cette lettre est un exemple de type de transmission en regard d'une sollicitation de services. (Je vous démontre aussi un exemple en langue anglaise.)

De plus en plus, par la force des choses et grâce à la qualité des logiciels offerts par nos chambres immobilières locales pour le faire, nous envoyons nos fiches descriptives MLS par courriel. Il nous arrive encore quelques fois de les envoyer par la poste ou de les placer dans une enveloppe que nous laissons à nos clients à leur attention au bureau ou à leur domicile. J'en garde quelques copies vierges sous la main prêtes à être remplies ou en mémoire dans mon logiciel pour une utilisation rapide.

(Logo) Ma compagnie X Inc.   *La méthode Immo-Succès*

Par courriel

A l'attention de: _____,

Suite à notre conversation téléphonique, il me fait plaisir de vous faire parvenir les fiches descriptives ci-jointes.

Bien que très complètes, ces descriptions « M.L.S. ® » contiennent un grand nombre d'informations rédigées sous forme abrégée. Malheureusement, vous remarquerez que les termes techniques ainsi que les nombreuses abréviations sont quelques fois difficiles à décoder. Donc, si vous avez besoin d'assistance lors de votre lecture, n'hésitez surtout pas à me contacter car les critères essentiels que vous recherchez pourraient être omis par une interprétation erronée.

Espérant le tout à votre satisfaction, je vous rappelle que mes nombreuses années d'expérience en immobilier peuvent vous servir en tout temps.

Sylvia Perreault
Agent Immobilier Agréé
Ma compagnie X Inc.
mailto: sylvia@sylviaperreault.com
http://www.sylviaperreault.com/
450-661-6810

Date_____

Re:

Dear _____ ,

Following our recent telephone conversation, please find enclosed the details concerning a few properties which are for sale at the present time.

If you need more information, please do not hesitate to call the undersigned.

Yours very truly,

Sylvia Perreault
Agent Immobilier Agréé
Ma compagnie X Inc.
mailto: sylvia@sylviaperreault.com
http://www.sylviaperreault.com/
450-661-6810

-6-

Tout ce dont vous avez besoin

pour le suivi et le service après vente,

dossier acheteur

☑⇨ Démarches de l'acheteur

Quelles seront les étapes et les responsabilités de l'acheteur suite à une offre d'achat acceptée ?

Ce document informatif en regard des responsabilités et délais à respecter dont devra tenir compte le client-acheteur en ayant recours à nos services présente également certains impondérables de tout achat de propriété. Je laisse un double à l'acheteur après lui avoir fait apposer ses initiales, lorsque je lui remets une offre acceptée ou au moment de l'accusé de réception requis.

Le but? Éviter les surprises et les désagréments inutiles. Ne pas me faire dire: « *On ne le savait pas... L'agent ne nous l'avait pas dit!* » etc.

Vous le constaterez, ce document explique clairement les responsabilités face aux conditions de l'offre et clarifie par écrit leur implication face à cette démarche.

Enfin, elle m'évite beaucoup d'appels téléphoniques … et de questions et de pression…les jours suivants.

DÉMARCHES DE L'ACHETEUR
Suite à une offre d'achat acceptée

La méthode Immo-Succès

L'équipe Sylvia Perreault tient à vous féliciter!
Voici un aide mémoire afin que toutes les étapes suivant votre offre d'achat soient harmonieuses.

PRÊT
Dans le but d'obtenir votre prêt hypothécaire final auprès de l'institution financière choisie, et ceci, à l'intérieur des délais, tel qu'entendu sur l'offre d'achat.
a) Veuillez nous faire parvenir le nom de celle-ci afin qu'on lui transmette la copie de votre offre d'achat, de la fiche descriptive et tout autre document qu'elle pourrait exiger dans le but d'obtenir votre financement
b) Concernant votre financement, votre lettre de confirmation bancaire devra nous être expédiée par télécopieur à nos bureaux dans les plus brefs délais aux # suivants _____.
c) Ne pas oublier de donner à votre institution financière nos coordonnées afin que ses représentant si puissent nous joindre pour obtenir des informations au besoin.

INSPECTION EN BÂTIMENT
a) Veuillez nous donner le nom et les coordonnées de l'inspecteur choisi afin que l'on puisse fixer le rendez-vous avec toutes les parties (acheteur, vendeur, inspecteur et agent immobilier). Veuillez naturellement nous donner votre disponibilité à cet égard.
b) L'inspection devra avoir lieu à l'intérieur des délais, tel qu'entendu dans l'offre par un inspecteur dûment qualifié et assuré pour le faire.
c) Nous vous recommandons, puisque cette visite sera probablement la dernière avant la prise de possession, d'apporter un ruban à mesurer pour prendre les mesures nécessaires à vos projets futurs (achats des appareils ménagers, stores, rideaux, etc.)

NOTAIRE
a) Fournir à votre institution financière, ainsi qu'à nous, les coordonnées du notaire choisi, tel qu'entendu sur l'offre d'achat, afin qu'elle puisse faire le suivi des dossiers à celui-ci.
b) Prendre rendez-vous avec ce notaire le plus rapidement possible pour qu'il débute la préparation du dossier. Nous lui fournirons les autres documents pour préparer l'acte de vente (certificat de localisation, titre, charte, taxes, etc.)
c) Le notaire communiquera avec nous tous (plus ou moins une semaine avant) pour céduler le rendez-vous de la vente. La signature de votre hypothèque se fera quelques jours avant, afin qu'il puisse obtenir à temps pour l'acte notarié les fond provenant de votre créancier.
d) Obtenez de votre assureur la preuve de votre assurance habitation pour votre nouvelle acquisition. Le notaire, pour votre institution financière, l'exigera avant l'acte notarié.
e) Vous devez avoir des chèques en votre possession lors de la visite chez le notaire (pour ajustement de taxes, balance de comptant (chèque certifié), ajustement du combustible, s'il y a lieu, ou tout autre montant exigé pas celui-ci et qui sera consigné sur la feuille de répartitions qu'il vous remettra sur place, après l'avoir fait signer par toute les parties, sans oublier sa facture.

OCCUPATION DES LIEUX
a) L'occupation aura lieu tel qu'entendu sur l'offre d'Achat. Si un changement était prévu, ce changement devra être amendé par un formulaire de modification confirmant la volonté des parties et sera transmis au notaire instrumentant.
b) Tout changement devra nous être divulgué sans faute.
c) Svp respecter l'intimité des vendeurs, ils ont l'entière jouissance des lieux jusqu'à la date d'occupation entendue.

Bonne chance dans toutes vos démarches !
Sylvia Perreault

☑⇨ Décharge de responsabilité – Inspection en bâtiment

Lorsqu'un acheteur insiste pour faire inspecter la propriété par son oncle ou un ami qui disent s'y connaître, ou encore par un supposé inspecteur dont je ne peux obtenir, de sa part, une preuve d'assurance responsabilité civile et professionnelle, il est de mon devoir de me protéger en expliquant clairement à l'acheteur les conséquences de ses choix, et en lui demandant de signer un document me déchargeant de toute responsabilité en lien avec cette étape.

J'ai appris, avec les années, à me protéger devant ce fléau. Une personne avertie en vaut deux! Surtout par écrit...

La méthode Immo-Succès

(Logo) Ma compagnie X Inc.

Le __ _____ 200_

M. L'acheteur Enthousiaste

_____

_____

_____

OBJET: *INSPECTION EN BÂTIMENT*
              DU ___(adresse)_____

Monsieur,

Suite aux recommandations de vos agents, Sylvia Perreault et les membres de son équipe, vous êtes conscient que vous assumez l'entière responsabilité de l'inspection en bâtiment pour la propriété citée en titre et réalisée par l'inspecteur de votre choix, puisqu'il nous fut impossible d'obtenir de sa part la preuve de son assurance responsabilité civile et professionnelle en la matière.

Je vous prix de prendre connaissance du présent document et d'apposer votre signature en guise de consentement.

_____

_____

Mme Sylvia Perreault
Agent Immobilier Agréé
Ma compagnie X Inc.
sylvia@sylviaperreault.com
http://www.sylviaperreault.com
XXXX, boul. Principal Est
Bureau XXX, Quartier, Ville
T: (xxx) xxx-xxxx / F: (xxx) xxx-xxxx

Date _____

Date _____

☑⇨ Aide-mémoire procédure « Offre d'achat – Collaborateur »

Cette petite liste d'étapes à cocher dans la procédure des procédures d'une offre d'achat acceptée, constitue un aide-mémoire pour l'agent collaborateur. Cet outil pratique est agrafé en premier dans le couvert du dossier et rempli au fur et à mesure des événements.

Cette liste diffère quelque peu de celle de l'agent inscripteur, puisque l'agent collaborateur vend la propriété détenue et inscrite par un autre agent. Il y a quelques particularités et distinctions par rapport à l'agent qui vend la propriété que lui-même a inscrite et mise sur le marché; par exemple, au niveau des étapes à suivre et au sujet de qui détient les originaux.

Aide-mémoire procédure « Offre d'achat – Collaborateur »

La méthode Immo-Succès

Vente inscription d'un autre Coutier

Vente remis au bureau le: _____

Description MLS	☐
Copie offre d'achat complète	☐
Copie chèque de dépôt	☐
Rapport de vente	☐
Modification Insp. en bâtiment	☐
Acceptation hypothécaire	☐
Envoi originaux et chèque avec	☐
- Mémo a l'autre Courtier	☐
- Nom du notaire	☐
- Coordonnés acheteurs et vendeurs	☐
Accusé de réception hyp. par vendeur	☐
Factures faxées à l'autre Courtier	☐
Dossier tiroir avec date de notaire	☐
Lettres de remerciements envoyées	☐
Autres _____	☐
Autres _____	☐

☑⇨ Procédure de bureau ¨Offre d'achat – Collaborateur¨

Cette procédure d'offre d'achat est un aide-mémoire semblable à celui de l'agent inscripteur vu plus haut, mais pour l'agent vendeur, c'est-à-dire celui qui vend la propriété détenue et inscrite par un autre agent. Ce document englobe toutes les étapes à suivre. Il reste au bureau et aide souvent l'adjointe ou un nouvel agent en formation à connaître les différentes étapes à suivre lors d'une vente.

Cette feuille d'étapes et procédures devra être ajustée en fonction des exigences de votre courtier.

OFFRE D'ACHAT - Étapes à suivre

La méthode Immo-Succès

Je suis agent collaborateur:

- Faire **2 copies** des documents suivants:
    - De l'offre,
    - Du chèque (s'il y a un dépôt écrit a l'offre)
    - Du MLS
  ⇒ **Original à Agent Inscripteur,** Préparer enveloppe (pas MLS)
    Une copie à Dossier bureau,
    Une copie au dossier de l'agent,

Prendre la copie du dossier pour la faxer à la banque de l'acheteur si nécessaire avec le nom du notaire choisi (Expl.: pour la banque de Mtl ; son agent hypothécaire, si c'est elle qui obtenu le prêt et qui a déjà pré-qualifié mes clients)

Attention: La dernière contre-proposition est toujours la décisive et elle doit être acceptée et l'accusé de réception signé!
Mettre collant (*post-it*) date ou délai de conditions à respecter sur le dossier.

Rapport de transaction ⇒ Original au Dossier bureau,
Une copie dossier de l'agent.
Si autre agent de mon bureau comme agent inscripteur, **il me remet** une copie du rapport de transaction.

Remettre à l'agent inscripteur, après en avoir fait des copies, l'offre, le chèque et le nom du notaire que l'acheteur a choisi, dans les plus brefs délais. Ainsi que ma feuille de mémo qui lui donne mes coordonnées.
Si …informations manquantes sur le rapport de transaction, faire correction dès que nous recevons l'information sur copie du rapport que j'ai, le surligner et remettre à Dossier bureau avec # de transaction du bureau, si je l'ai obtenu. Se garder une copie de la correction au dossier de l'agent.

Si **agent inscripteur d'un autre courtier** lui faxer feuille d'information relative à la transaction dans le but de lui faire parvenir les informations manquantes. (# de courtier et d'agent, et choix du notaire).

Entrer dans « Prospect » les nouvelles informations.

À mesure que les **modifications de conditions** (inspection, financement, ou autres) nous parviennent, les ajouter au dossier sans oublier de remettre les copies à Dossier bureau et les remettre ensuite au courtier inscripteur! Attention que les accusés de réception soient remplis et signés.

Lorsque que toutes les conditions sont remplies, cette **offre est ferme**. Envoyer la facture de mes services au courtier inscripteur et déposer une copie à mon dossier.

Envoyer lettre de félicitations aux acheteurs et à l'agent inscripteur.

☑⇨ Mémo rappel - Agent Inscripteur lors d'une vente faite à titre de collaborateur

Ce mémo pratique félicite et remercie l'agent inscripteur lors d'une vente en tant que collaborateur. De plus, il constitue un avis de transmission de divers documents ainsi qu'une demande d'obtention de certains autres qui sont détenus par l'agent inscripteur dont vous venez de vendre la propriété.

Comme le mémo à l'agent collaborateur, j'envoie celui-ci par télécopieur.

La méthode Immo-Succès

(Logo) Ma compagnie X Inc.

Date: _____   Nombre de pages _____(Y compris la page de garde)

MÉMO DE SYLVIA PERREAULT
Ma compagnie X Inc.

Destinataire: _____(Agent inscripteur)_____

Télécopieur: _____

PAR LA PRÉSENTE J'AIMERAIS VOUS REMERCIER POUR VOTRE COLLABORATION POUR LA VENTE DE :

_____

Voici les coordonnées du notaire instrumentant: _____

_____

Afin de compléter la transaction selon les règlements de l'ACAIQ, je vous fais parvenir les documents suivants dans les plus brefs délais.

☐   Originaux de la promesse d'achat, contre-proposition(s) et modification(s), s'il y a lieu.

☐   Le chèque de dépôt.

☐   Confirmation du financement hypothécaire.

Et j'aimerais avoir de votre part:

☐   Numéro de téléphone du vendeur.

☐   Numéro de l'ACAIQ et de la CIGM de votre courtier.

☐   Votre numéro de permis d'agent et code du bureau. (C.I.G.M.)

☐   L'accusée de réception par le(s) vendeur(s) sur la confirmation hypothécaire.

☐   _____

Vous remerciant de l'attention que vous porterez à la présente.

Sylvia Perreault
Agent immobilier agréé
Ma compagnie X Inc.
T: (xxx) xxx-xxxx / F: (xxx) xxx-xxxx
Voici mon numéro de permis de l'ACAIQ: XXXXX
et mon numéro de courtier: XXXXXX.   CIGM: ABC XXX - XXXXX

☑⇨ Lettre de remerciements —

«C'est vendu!»

Adresser une lettre de remerciements à l'acheteur suite à l'offre d'achat acceptée et toutes les conditions remplies, ça démontre votre professionnalisme et c'est toujours apprécié. Par la même occasion, vous confirmez à cet acheteur le choix du notaire retenu puisque c'est généralement ce dernier qui a l'opportunité d'arrêter sa préférence sur le notaire qui lui convient et qui ce produit souvent après avoir discuté du sujet et annoncé leur achat avec fierté à la famille ou des amis, qui leur en réfèrent un! J'évite ainsi les changements de dernière minute qui peuvent être coûteux.

Dans cette lettre, j'explique aussi que le travail de l'agent est terminé à ce stade-ci puisque c'est la responsabilité du notaire de convoquer les parties. Je l'invite à communiquer avec moi, s'il requiert ma présence à cette rencontre entre les parties. J'en profite enfin pour leur demander une référence, car c'est le meilleur moment pour leur en demander une lorsqu'ils ont acheté et sont si heureux de vos services!

En terminant, je crois important de préciser que cette lettre est naturellement envoyée par poste et dûment signée de ma main.

La méthode Immo-Succès

(Logo) Ma compagnie X Inc.

Ville, le _____ 200_

Madame et Monsieur L'acheteur Enthousiaste

_____

_____

_____

Madame, Monsieur,

Je vous remercie sincèrement de m'avoir fait confiance pour l'achat de votre nouvelle propriété. J'espère avoir été à la hauteur de vos attentes. Ce fut un plaisir de faire affaires avec vous! N'hésitez pas à me contacter pour toute autre information ou pour me référer l'un de vos proches pour l'achat ou la vente d'une nouvelle maison. Je serai enchantée de leur offrir les mêmes services dévoués.

Le notaire aura la responsabilité de respecter les délais d'après son agenda et de communiquer avec vous quelques jours avant la signature de l'acte de vente pour fixer un rendez-vous. Si vous désirez ma présence lors de la rencontre avec le notaire, n'hésitez pas à m'en faire part. Il me fera plaisir de vous y accompagner.

Voici les coordonnée du notaire mandaté :

    Me (Votre notaire)

    _____, _____

    _____

    _____. _____

    Tél.: ( ) ___-____

    Fax: ( ) ___-____

(Sachez que tout changement de notaire suite à la réception de ce courrier pourrait entraîner des frais de la part de celui-ci pour le travail entamé.)

Veuillez agréer, Madame, Monsieur, l'expression de mes sentiments les plus distingués.

Sylvia Perreault,
Agent immobilier agréé
Ma compagnie X Inc.
XXXX, boul. Principal Est
Bureau XXX, Quartier, Ville
T: (xxx) xxx-xxxx / F: (xxx) xxx-xxxx

☑⇨ Une bonne planification s'impose lors d'un déménagement

Ce document, un peu à l'exemple du "AVANT DE METTRE LA CLÉ SOUS LA PORTE ", est plus complet et détaillé, puisqu'il s'adresse majoritairement à un premier acheteur ou quelqu'un qui a moins d'expérience en déménagement!

Ce document s'avère des plus utiles pour un client-acheteur dans le feu de l'action et vivant des émotions fortes, suite à l'achat de sa propriété. En plus d'être un aide-mémoire précieux, il devient un élément essentiel d'un service après-vente qui se distingue. Je vous recommande, cependant, de le mettre à jour une fois par année (coûts, numéros de téléphone et liens internet*), si vous voulez qu'il demeure un document pratique.

Cet aide-mémoire accompagne la lettre de remerciements de la page précédente.

*Avec les coordonnées des bureaux régionaux et les tarifs en vigueur à cette date.

(Logo) Ma compagnie X Inc.

La méthode Immo-Succès

UNE BONNE PLANIFICATION S'IMPOSE LORS D'UN DÉMÉNAGEMENT

Vous devrez franchir bien des étapes avant d'aménager dans votre nouvelle propriété, mais quel beau projet excitant et captivant ! Nous désirons simplement vous aider à ne rien oublier!!! Mais il est évident que vous ne serez pas concerné par toutes les activités. À ce moment-là, nous vous suggérons de rayer tout de suite de la liste, la ou les tâche(s) que vous ne serez pas tenu de réaliser.

PRÉPARATION

➢ Accumuler des boîtes et du papier longtemps à l'avance; vous gagnerez du temps.
➢ Informer la Société canadienne des postes (514-344-8822 ou www.postescanada.ca) afin de faire suivre le courrier car on oublie toujours d'informer quelques correspondants. Soyez informé que pour faire suivre le courrier pour une période de 6 mois, il vous en coûtera 33$ plus taxes. Ce service peut être prolongé pour un autre période de 6 mois en autant que vous déboursez à nouveau 33$

➢Vous devez principalement informer vos parents et ami(e)s de votre déménagement éventuel.

Aviser également*:
- Votre employeur.
- Bell Canada : 310-BELL ou 310-2355 ou www.bell.ca. Le coût d'un nouveau branchement est de 55$ plus taxes
- Hydro-Québec : 514-385-7252 ou www.hydroquebec.com. Le coût d'un réabonnement est de 20$ si un compte est préalablement détenu, et cela, depuis les 5 dernières années ; si c'est un premier compte ou si le dernier date de plus de 5 ans, vous devrez verser 50$.
- Gaz Métropolitain : 514-598-3222 ou www.gazmetro.com
- Vidéotron : 514-281-1711 ou www.videotron.com
- Régie du logement : 514-873-2245 ou www.rdl.gouv.qc.ca
- Régie de l'assurance-maladie du Québec : 514-864-3411 ou www.ramq.gouv.qc.ca
- Société de l'assurance automobile du Québec : 514-873-7620 ou www.saq.com le changement d'adresse doit être signalé au plus tard 30 jours après le déménagement, sous peine d'une amende de 60$.
- Revenu Québec : 514-864-6299 ou www.revenu.gouv.qc.ca
- Revenu Canada : 514-283-6715 ou www.ccra-adrc.gc.ca
- Votre institution financière – carte(s) de crédit
- Votre assureur
- Divers abonnements: revue(s), journaux…

* (coordonnées des bureaux régionaux et les tarifs en vigueur à cette date)

À noter : Tarifs en vigueur au moment de la publication; tous les montants indiqués devraient être revalider, et ne pas oublier que les taxes sont applicables

…/2

➤Quelques semaines avant le grand départ, commencez à emballer ce dont vous êtes certains de ne plus vous servir et, si possible, gardez certaines boîtes ouvertes prêtes à recevoir les objets qui ne seront plus utiles avant votre déménagement.

➤Identifiez bien chacune des boîtes en prenant soin d'inscrire le contenu sur plusieurs côtés de la boîte, les déménageurs ne prendront pas le temps de vérifier si la boîte est placée de sorte que vous puissiez lire.

➤Tentez de libérer un espace qui ne servira qu'à empiler les boîtes. Ne placez pas les boîtes pour nuire aux déménageurs, évitez l'entrée et les passages.

➤N'oubliez pas de réserver un camion ou les services d'un déménageur, et cela dès que possible. Ainsi vous aurez davantage de temps pour effectuer un choix judicieux, en regard du prix et également des assurances offertes. De plus, en réservant relativement tôt, vous serez certain que le déménagement s'effectuera à la date que vous désirez et non en fonction de leur disponibilité.
N'oubliez pas : vos frais seront moindres s'il vous est possible d'éviter les fins de semaine ainsi que les jours fériés tels le 24 juin ou le 1er juillet.

Si vous prenez un déménageur, exigez de connaître le numéro de son permis et si vous avez des doutes, vérifiez auprès de la Commission des transports / C.T.Q (www.ctq.gouv.qc.ca).
Méfiez-vous des inscriptions dans les annonces classées des journaux, le prix sera moindre mais vous n'aurez pas les mêmes protections. Il est préférable de transiger avec un déménageur reconnu ou encore par une référence d'une connaissance.
Si toutefois, vous préférez déménager par vous-même, soit avec des parents et/ou ami(e)s, vous devez être informé que si des blessures sont subies par des sujets, ceux-ci ne sont pas couverts par la C.S.S.T.

➤Quelques jours avant le déménagement, prenez soin de réserver les services d'une gardienne pour les enfants et, si possible, pour vos animaux.

➤La veille du déménagement ou encore le matin selon l'heure prévue, enlevez les toiles ainsi que les rideaux. Nous espérons que vous avez encore des outils à la portée de la main!!!

LE JOUR DE VOTRE DÉPART
➤Prenez en note la lecture du compteur et faire suivre cette information à Hydro-Québec.

➤Vérifiez l'état des meubles et prenez même des photos de votre ameublement ainsi que des objets de valeur.

➤Inspectez bien chacune des pièces pour ne rien oublier.

➤Conservez sur vous ou confiez à une personne fiable, le contrat, le carnet de chèques ainsi que les factures.

➢Remettez les clés à qui de droit en respectant l'entente relatée au niveau de l'offre d'achat ou de toutes autres ententes subséquentes à celle-ci.

2.../3

ARRIVÉE À DESTINATION: VOTRE NOUVEAU QUARTIER

➢Inspectez bien vos meubles et inscrivez, sur votre bon de livraison, les objets endommagés.

➢Exigez un reçu conforme qui inclut le nom et l'adresse du déménageur.

➢Notez le compteur, dès votre arrivée et informez Hydro-Québec de votre lecture.

BON DÉMÉNAGEMENT!!!

Ces QUELQUES CONSEILS sont une gracieuseté de

Imprimer votre carte d'affaire ici ou toute autre type d'outils promotionels

☑⇨ Envoi au notaire lorsque je suis collaborateur

Ce formulaire est très important et des plus précieux, puisqu'il confirme et prépare le notaire à une date de transaction mandatée par les acheteurs. Même si c'est la responsabilité de l'agent inscripteur de faire parvenir les documents dont le notaire aura besoin pour la réalisation de l'acte de vente entre les deux parties, je lui transmets les coordonnées des acheteurs avec une copie complète de l'offre d'achat, et surtout, je lui confirme que tous les documents originaux et les titres lui seront acheminés par l'agent inscripteur que je mentionne. Je m'assure ainsi qu'il me préviendra de la date de l'acte de vente, et ce, que je choisisse ou non d'y être présente.

Conservez judicieusement une copie de cet envoi, car dorénavant, et par cette transmission avec accusé de réception de votre envoi, c'est lui qui a l'entière responsabilité des délais et conditions à respecter relativement à la propriété vendue.

(Logo) Ma compagnie X Inc.

La méthode Immo-Succès

Le ____ du mois de _____

À l'attention de:

Maître _____, Notaire

OBJET: Vente prévue le _____

de la propriété sise au _____

Il nous fait plaisir de vous faire part que notre client acheteur vous a mandaté pour réaliser l'acte de vente pour la propriété citée en titre.

Voici donc les coordonnées du ou des

ACHETEURS: _____(Nom)_____ et _____(Nom)_____

Tél: _____ et_____

Les documents officiels vous parviendront de l'agent inscripteur soit:

_____(Nom)_____

_____(Coordonnées)_____

❑ Veuillez nous informer de la date et de l'heure de l'acte notarié; un agent de l'Équipe de Sylvia Perreault désire être présent

❑ Bien que notre présence ne soit pas requise pour l'acte notarié de la propriété citée en titre, nous vous prions tout de même de nous faire part de la date et de l'heure planifiée.

Espérant le tout à votre satisfaction, je vous transmets mes salutations distinguées.

Sylvia Perreault
Agent immobilier agréé
Ma compagnie X Inc.
XXXX, boul. Principal Est
Bureau XXX, Quartier, Ville
T: (xxx) xxx-xxxx / F: (xxx) xxx-xxxx

☑⇨Lettre de remerciements:
«Félicitations, vous avez trouvé!»

(Avec un petit témoignage S.V.P.?)

À l'exemple de celle que j'ai composée pour les propriétaires-vendeurs qui m'ont confié avec succès la vente de leur propriété, cette lettre m'a été très utile pour oser demander des témoignages et une lettre de références, que ce soit pour mon cartable de présentation ou, maintenant, pour enrichir mon site internet.

Lorsque demandé par écrit, cette démarche semble être prise plus au sérieux, d'autant plus que je me suis permise de leur donner quelques exemples pour les aider à composer leur petit mot!

Cette lettre est naturellement envoyée par la poste quelques jours suivant la transaction et dûment signée à la main.

La méthode Immo-Succès

Madame et Monsieur L'Acheteur Heureux

_____, _____

_____, (_____)

_____

Madame, Monsieur,

Je vous remercie très sincèrement pour la confiance que vous avez placée en moi avec le mandat de vous assister dans l'acquisition de votre propriété située au _____, _____, à _____.

Sachez que ce témoignage de confiance m'a motivée à tout mettre en œuvre, afin de vous aider à réaliser une transaction réussie.

La vente ou l'achat d'une propriété est une grande étape dans la vie des gens et cela me tient à cœur. N'hésitez donc pas à me référer à vos proches et amis; il me fera un grand plaisir de leur offrir le même service dévoué dans la vente ou la recherche d'une propriété.

En terminant, permettez-moi de vous demander une lettre de références que j'ajouterai à mon site internet et à mon cartable de présentation. (A noter : Vous trouverez des exemples de lettres de référence à l'endos de cette feuille si vous manquez d'inspiration!)

Je vous remercie encore chaleureusement et vous prie d'agréer, Monsieur, Madame, l'expression de mes sentiments les plus distingués.

Sylvia Perreault
Agent immobilier agréé

P.S.: En tout temps si des questions devaient surgir à votre esprit, n'hésitez pas à communiquer avec moi.

DE QUOI VOUS INSPIRER...!

La méthode Immo-Succès

EXEMPLES DE LETTRES DE RÉFÉRENCE

Exemple 1:

Mesdames, Messieurs,

Par la présente, j'aimerais vous référer Mme Sylvia Perreault, agent immobilier agréé de Ma compagnie Inc. À l'aide de ses services, nous avons pu trouver notre propriété avec une très grande satisfaction. Son expérience et son professionnalisme ont permis de nous guider efficacement dans l'achat de notre maison. Elle a su nous rassurer à toute les étapes du processus, nous permettant ainsi de continuer notre vie professionnelle et personnelle tout en étant très à l'aise et en confiance. Nous sommes la preuve qu'avec Sylvia Perreault c'est plus que possible! À vous d'en juger!

Meilleurs salutations,

_____

(Nom et signature)

Exemple 2:

Mesdames, Messieurs,

Il me fait plaisir de vous référer Mme Sylvia Perreault comme agent immobilier agréé. À l'aide de ses services nous avons acheté notre propriété rapidement avec satisfaction. Son expérience dans le milieu et sa passion pour le métier ont su ressortir tout au long de notre association, et elle a su bien nous informer et nous mettre en confiance. Elle est notre choix numéro un!

Veuillez agréer l'expression de mes meilleurs sentiments,

_____

(Nom et signature)

EXEMPLE DE LETTRE DE RÉFÉRENCE: ACHETEURS

M. ou Mme _____,

Par la présente, j'aimerais vous référer Mme Sylvia Perreault, agent immobilier agréé de Ma compagnie Inc. À l'aide de ses services, nous avons pu trouver une maison qui répondait vraiment à nos besoins. Elle a su nous guider habilement grâce à son expérience et à son professionnalisme tout en nous informant adéquatement tout au long du processus. Elle a gagné toute notre confiance. Pour obtenir entière satisfaction, elle est notre choix numéro un!

Veuillez agréer l'expression de mes meilleurs sentiments,

_____

(Nom et signature)

☑⇨ Lettre de remerciements – « Agent inscripteur »

Cette fois, c'est une lettre de remerciements que vous adressez à l'agent inscripteur. Cette lettre sert à féliciter et remercier l'autre agent pour la bonne collaboration lors de notre transaction ensemble. Cette lettre est toujours appréciée par celui-ci et encourage et facilite les relations d'affaires futures.

Cette lettre est naturellement envoyée par la poste et dûment signée de ma main. Je reçois fréquemment un coup de téléphone appréciatif suite à cet envoi.

Vous vous souvenez?

Nous sommes tous des amis!

(Logo) Ma compagnie X Inc.

La méthode Immo-Succès

Laval, le 9 mai 2007

Agent :
Cie : _____

OBJET: _____, Rue _____, _____

Monsieur,

Par la présente, je tiens à vous remercier et à vous féliciter pour votre excellente collaboration lors de notre dernière transaction ensemble.

Toujours, j'encouragerai et favoriserai des relations d'affaires avec des professionnels tels que vous.

Encore une fois, félicitations!!!

Sylvia Perreault
Agent immobilier agréé
Ma compagnie X Inc.
XXXX, boul. Principal Est
Bureau XXX, Quartier, Ville
T: (xxx) xxx-xxxx / F: (xxx) xxx-xxxx

-7-

Méthodologie, gestion

et organisation de bureau

☑⇨ L'accusé de réception

Nous avons continuellement besoin de faire accuser réception de divers documents qui sont aussi de format variés. Voici un petit papier qui me rend la vie simple!

Je le découpe tout près du bord et à l'aide de mon photocopieur, sur du papier de format légal (8½ x 14), je le dépose simplement au bas du document qui est de format lettre (8½ x 11) et que je dois faire accuser réception par l'une ou l'autre des parties et fais une photocopie avec l'original. Celui-ci reste intacte et je le peux garder à mon dossier; je fais signer la copie récupérée à mes client avec cet accusé réception ainsi imprimé au bas. Imprimé sur un acétate transparent au bon format ferait aussi l'affaire.

Je transmets souvent aux autres agents l'acceptation hypothécaire reçue par télécopieur de l'institution financière de mes acheteurs avec ce document au bas, prêt à être rempli. Ils trouvent cela très pratique, car il est déjà prêt à être signé par les vendeurs!

Je garde des copies de ce petit papier utile partout!

La méthode Immo-Succès

L'accusé de réception

(Logo) Ma compagnie X inc.

ACCUSÉ DE RÉCEPTION

Le client _____ reconnaît avoir reçu copie de _____

Signé à _____ , le _____ à ____ h

Signature(s)

_____

Signature(s)

_____

PROMESSE D'ACHAT no _____ ADRESSE _____

☑⇨ **Suivi des pancartes**

Un autre formulaire fort utile pour mon adjointe et pour moi aussi!

Lorsque vous aurez plusieurs inscriptions, il sera nécessaire de faire un suivi à part comme celui-ci, ce qui vous aidera à contrôler cette tâche répétitive.

La méthode Immo-Succès

SUIVI DES PANCARTES

ADRESSE / ACTE NOTARIÉ	INSTALLATION		« VENDU »		RÉCUPÉRATION	
	DEMANDE	RÉALISATION	DEMANDE	RÉALISATION	DEMANDE	RÉALISATION

☑⇨ **Plan de marketing mensuel**

Voici un formulaire tout simple qui illustre comment et où vont vos efforts de mise en marché. Avec ce formulaire, chacune de mes publicités est ciblée et analysée afin de connaître son succès et la pertinence de mon retour sur l'investissement.

La méthode Immo-Succès

Plan de Marketing mensuel						
Clientèle visée	Date de parution	Type d'envoi	Coût	Responsable	Buts visés	Buts obtenus
1.						
2.						
3.						
4.						
5.						
6.						
7.						
8.						
9.						
10.						
11.						
12.						
13.						
14.						
15.						

☑⇨ Formulaire de référence

Ce formulaire est complété par un agent qui réfère un de ses clients à un autre agent. Ce client peut être un client acheteur ou vendeur. Grâce à ce formulaire, il vous sera possible d'effectuer un suivi pour une éventuelle rétribution dans le cas où des transactions se sont concrétisées entre les deux parties.

Vous remarquerez que les signataires s'engagent à respecter un code de résolution de conflit par arbitrage. Les parties devront s'entendre à respecter le code de déontologie, soit du franchiseur ou de votre chambre immobilière locale sur les références.

La méthode Immo-Succès

(Logo) Ma compagnie X Inc.

FORMULAIRE DE RÉFÉRENCE

Pourcentage approuvé entre les agents concernés:

La référence de commission à Sylvia PERREAULT, agent référent, advenant une transaction complétée, sera de **25% de la commission.**

AUCUNE DIMINUTION DE COMMISSION SANS LE CONSENTEMENT DE L'AGENT RÉFÉRENT.

BUREAU RÉCEPTEUR:

Nom _____

Cie _____

Adr. _____

Bureau: _____

Fax: _____

EMAIL: _____

INFORMATION SUR LE CLIENT:

Nom _____

Nom _____ **présentement en vente. Veuillez leur trouver quelque chose de similaire. Téléphonez-moi si vous avez des questions.**

Adresse actuelle: _____

Téléphone: _____

CODE DE DÉONTOLOGIE DE (ma chambre d'immeuble ou mon franchiseur)
SUR LES RÉFÉRENCES

Je m'engage à respecter le code de déontologie de « _____ », pour les références et à le faire respecter. Je m'engage à collaborer honnêtement et sans réserve avec le comité de discipline (ou arbitrage) de « _____ » et accepte la procédure disciplinaire prévue par « _____ » sur les références.

J'accepte ce _____, 20__   _____

Agent Récepteur

Nous acceptons ce __, _____, 20__   _____

Sylvia Perreault, Agents Référent

☑⇨ **Répartition des revenus assurés**

La voilà votre réalité! Vos revenus par transaction, les dates de vos ventes réelles, les dates d'entrée d'argent et vos totaux cumulatifs.

Même si mon courtier me fournit régulièrement un état cumulatif de mes revenus à chaque mois, je préfère encore mettre moi-même à jour ce document dès qu'une vente est réalisée avec ses conditions toutes remplies. Cela me motive tellement de voir mon chiffre d'affaires grossir ainsi à chacune de mes ventes!

Certains franchiseurs offrent à leurs membres un agenda spécialisé en immobilier où l'ont retrouve un détail de vos ventes et revenus de l'année comme celui-ci. Maintenant que nous avons tous ou presque des agendas électroniques, je consigne alors sur ce document mes sources de revenus, telles que les ventes en tant qu'inscripteur ou collaborateur, celles de mon équipe et les revenus de commissions sur les hypothèques qu'il ne faut pas négliger. Ce document en format Excel, je peux y accéder et le garder en mémoire sur mon téléphone agenda mini-ordi comme un *Palm*^MC ou un *Blackberry*^MC.

À chaque année, j'ai l'habitude de comparer avec mon document de l'année précédente mes ventes cumulatives à un certain moment de l'année, pour voir où j'en suis rendue. J'ai toujours trouvé cela très motivant. Souvent des coups de panique ont été évités comme cela, car je constatais que le retard que je croyais avoir pris n'était pas si pire, au contraire! De plus, je peux aussi voir à l'avance ce que j'ai et me rassurer en comparant avec mon plan d'affaires mes objectifs.

Sinon, je redouble d'efforts sur les actions payantes pour y remédier !

Bonne vente!

La méthode Immo-Succès

RÉPARTITION DES REVENUS ASSURÉS "20__"

ADRESSE	DATE	DATE	AGENT	AGENT	PRIX DE	COMM.	SYLVIA	RÉF.	SYLVIA	AUTRE AGENT	RÉF.	AUTRE AGENT
PROPRIÉTÉ "VENDUE" OU RÉFÉRENCE(S) HYPOTHÉ-CAIRE(S)'	DE VENTE	ACTE NOTA-RIÉ	INSCRIP-TEUR	VENDEUR	VENTE	TOTALE	COMM.		CUMUL.	COMM.		CUMUL.

☑⇨Enveloppe-clés

Lorsque vous inscrivez une nouvelle propriété, la plupart du temps, vous demanderez une copie des clés de la propriété à vos clients-vendeurs. Cela simplifie les visites faites par d'autres agents. L'idéal, à mon avis, est d'installer une boîte à clés pour en faciliter l'accessibilité, mais parfois c'est impossible. Dans ce cas, le petit formulaire de la page suivante, que vous imprimerez directement sur une enveloppe, vous permet de donner toutes les informations à l'agent souhaitant visiter une de vos propriétés. Après avoir dûment inscrit tous les renseignements sur l'enveloppe, tel que le code du système d'alarme, vous n'avez qu'à y glisser la clé et déposer l'enveloppe à la réception de votre bureau ou du bureau de l'agent collaborateur.

Remarquez bien qu'il y a aussi un espace pour que l'agent visiteur y ajoute les commentaires de ses clients suite à leur visite de la propriété.

La méthode Immo-Succès

Logo

ÉQUIPE SYLVIA PERREAULT
2820, ST-MARTIN EST, bureau 201
LAVAL, Q.C.   H7E 5A1

À : _____   TÉLÉPHONE : _____

Date de la VISITE : _____   Heure : _____
Code de la boîte à clé : _____   Clé #: _____

Système d'alarme : _____
IMPORTANT DE LE RÉACTIVER À VOTRE DÉPART
ET DE FERMER LES LUMIÈRES AVANT DE QUITTER

VOS COMMENTAIRES :

S.V.P. rapportez la clé au bureau dans les plus brefs délais, car il y a d'autres visites après vous.
Si la réception est fermée, déposez l'enveloppe dans la boîte aux lettres.

MERCI

☑⇨ Sommaire des visites par propriété

Ce formulaire est un résumé très concis des activités entourant la mise en vente d'une de vos propriétés. Vous remarquerez qu'il se divise en deux parties. La première concerne les publicités qui ont été placées pour promouvoir la vente de la propriété. La deuxième partie concerne les visites effectuées et inclut un court résumé de la réponse des clients-visiteurs. Grâce à ce formulaire, vous pourrez, d'un simple coup d'œil, déduire si le prix que vous demandez pour la propriété est adéquat. Nous le savons bien, si la propriété est inscrite au bon prix, les acheteurs voudront bien se déplacer pour la visiter. Si vous remarquez qu'elle suscite peu d'intérêt et que vous croyez que le prix demandé est trop élevé, ce formulaire pourra vous aider à justifier votre requête de baisse de prix a vos clients.

Vous pourrez demander à votre adjointe de le remplir lorsqu'elle téléphonera tous les agents pour recueillir les comptes-rendus des visites qui ont été effectuées. Ce formulaire devra rester dans le dossier de la propriété concernée pour que vous puissiez ensuite en faire rapport à vos clients lors d'une éventuelle rencontre avec ceux-ci.

La méthode Immo-Succès

SOMMAIRE DES VISITES PAR PROPRIÉTÉ

ADRESSE DE LA PROPRIÉTÉ:

PUBLICITÉ(S)

INTERMÉDIAIRE ET COPIE EN ANNEXE	DATE	RÉSULTATS
	/ /	
	/ /	
	/ /	
	/ /	
	/ /	
	/ /	
	/ /	
	/ /	
	/ /	

VISITE(S)

DATE	FIRME	AGENT	COMPTE RENDU:
/ /			
/ /			
/ /			
/ /			
/ /			
/ /			
/ /			
/ /			
/ /			
/ /			
/ /			
/ /			
/ /			
/ /			
/ /			

-8-

Outils pour un travail

avec adjointe et/ou une équipe

☑️⇨ **Description du poste d'adjointe**

Quand on sait ce qu'on veut, on l'obtient !

Au pire, si on n'a pas ce qu'on veut, on a des barèmes pour nous le faire voir!

La méthode Immo-Succès

Description du poste d'adjointe

Responsabilités et buts à long terme:

1. S'assurer que les clients sont heureux et satisfaits avec tous les services que l'on peut leur rendre.
2. Mettre votre agent en évidence et devant le plus d'acheteurs et de vendeurs possible.
3. Trouver des moyens d'augmenter nos revenus et de réduire nos dépenses.
4. S'occuper de l'administration et de la coordination du bureau, afin que l'agent puisse se concentrer entièrement à la prospection de nouveaux clients et au travail de « vendre » des maisons.
5. S'assurer de devenir une source de profit en cherchant à promouvoir votre agent et en demandant des références pour votre agent, et ce, à tous les jours et dans le cours de vos activités.
6. Travailler fort et comprendre les objectifs de votre agent. Le soutenir dans les façons et les moyens qu'il prend pour y parvenir. Essayez de penser comme lui, donc deviner et anticiper ce dont il a besoin et ce qu'il veut.
7. Prendre en charge éventuellement toute la responsabilité de l'administration générale du bureau et de l'administration de la compagnie, incluant le marketing et l'analyse financière de celle-ci.

Ma mission, ma vision!

Mes clients le sont et le seront pour toujours!

Je leur offre un service professionnel et honnête. Je m'occupe de tous leurs besoins en immobilier, sans négliger le moindre détail. Je bâtis ma clientèle sur des bases de références, en me faisant connaître par mon implication auprès de la communauté et par mon approche dynamique de mise en marché. Mon but est d'être considérée comme l'agent immobilier avec son équipe les plus en mesure d'offrir les services immobiliers les plus compétitifs dont les clients ont ou auront besoin dans la région.

Ne cherchez plus! Nous sommes votre équipe d'agents!

«Tous ensemble, on atteint nos rêves!»

Adjointe administrative recherchée

Ouverture immédiate pour assister un agent immobilier.

Je suis à la recherche d'une personne ayant un très bon sens de l'organisation, d'excellentes habiletés de communication orale et écrite, dans les deux langues officielles, ainsi que la maîtrise de divers logiciels informatiques. Il est aussi essentiel que cette personne apprenne rapidement les nouvelles notions de travail, qu'elle soit efficace, honnête, autonome et dévouée. De plus, il serait apprécié qu'elle ait de l'entregent et de l'initiative. Le lieu de travail est un petit bureau chaleureux situé à Laval et la personne sera appelée à travailler à temps plein, 40 heures par semaine. La rémunération est compétitive. Si vous êtes intéressé par cette offre, veuillez m'envoyer votre curriculum vitae via télécopieur au numéro suivant au nom de Sylvia Perreault.

Télécopieur : XXX-XXX-XXXX

☑⇨ Liste des tâches et procédures journalières secrétariat

Ce formulaire est un outil indispensable sur les tâches administratives de mon adjointe. Cette liste de tâches sera personnalisée selon vos besoins spécifiques. Elle listera les activités qui doivent être effectuées de façon assidue et régulière par votre adjointe. Voici des exemples: vérification de la présence de messages dans votre pigeonnier, obtention des comptes-rendus des visites qui se sont tenues récemment ou consultation des courriels.

Cette liste n'est aucunement limitative; elle constitue un aide-mémoire pour vous guider dans votre planification quotidienne et hebdomadaire. Mon adjointe connaît ainsi mes exigences et est en mesure d'anticiper mes besoins en connaissant bien ses responsabilités.

La méthode Immo-Succès

Liste des tâches et procédures journalières secrétariat

- o Ramasser pigeonnier.

- o Distribuer factures, photos et mémos au bon endroit.

- o Voir notes urgentes laissées à votre attention et procéder par ordre d'importance.

- o Faire recherches **A.V.P.P**. et **Expirés** trouver leur # de tel. et si nécessaire leur adresse complète.

- o Demander et faire compte-rendu des visites de la veille. Déposer papiers et messages dans les dossiers respectifs.

- o Entrer nouveau client à vendre et vendu dans MLS et dans *Prospect*. Faire les photocopies. Voir procédures détaillées à ce sujet.

- o Voir aux dates de tombée des publicités. Préparer envoi et prévenir représentant.

- o Laisser notes sur le travail effectué avec facturation du temps dans dossier courrier à votre agent.

__Priorités__:

1	A.V.P.P. et EXPIRÉS
2	Offre d'achat, rapport de vente et envoi au notaire
3	Contrat de courtage et saisie MLS
4	*Prospect* (base de donnés)
5	Publicités et petites annonces
6	Lettre de remerciements, etc.
7	Papeterie et formulaire, bons de commandes
8	Monter des dossiers d'inscription et d'acheteur à l'avance

☑⇨ Les Priorités d'aujourd'hui

Voici l'exemple d'un formulaire utile. Cette grille sert à inscrire les tâches importantes à faire pour la journée. Vous pouvez l'utiliser pour vous-même, ou pour votre adjointe.

À travers les impondérables et les imprévus qui nécessitent souvent de prendre action rapidement, ce formulaire vous permettra de garder en tête les priorités à ne pas négliger dans le feu de l'action. Ainsi, vous vous assurerez de rencontrer plus facilement vos objectifs quotidiens.

La méthode Immo-Succès

Les priorités d'aujourd'hui!

Date _____/_____/_____

À faire:	Fait:	Commentaires:
1.		
2.		
3.		
4.		
5.		
6.		
7.		
8.		
9.		
10.		
11.		
12.		
13.		
14.		
15.		
16.		
17.		
18.		

Merci!

Sylvia Perreault
« Ensemble, on atteint nos rêves! »

☑⇨ Feuille de temps de votre adjointe

À la page suivante, vous trouverez un exemple de feuille de temps que mon adjointe doit compléter et me remettre à la fin de la semaine.

Comme je suis constamment sur la route, c'est la feuille de temps qui m'aide à suivre le travail de mon adjointe. Il est essentiel pour moi d'être au courant de son emploi du temps afin de pouvoir ajuster son lot de travail et ses heures aux besoins réels de ma profession.

À la fin de la semaine, elle me joint donc à ce formulaire les grilles complétées **"Les priorités d'aujourd'hui!"** où je retrouve ses commentaires et les actions prises. Ce même document est aussi pratique pour une adjointe à temps partiel ou à la pige.

La méthode Immo-Succès

FEUILLE DE TEMPS DE VOTRE ADJOINTE

NOM_____

SEMAINE DU: _____

JOUR	DATE	ENTRÉE	DÎNER	SORTIE	TOTAL	CUMULATIF
LUNDI						
MARDI						
MERCREDI						
JEUDI						
VENDREDI						
SAMEDI						
DIMANCHE						
Total						

NOMBRE D'HEURES DE LA SEMAINE: _____

☑⇨ Suivi des acheteurs

Ce formulaire pourra vous servir lorsque vous avez plusieurs prospects-clients en cours et que vous voulez les inscrire sur une même feuille. Cela vous sauvera beaucoup de temps lorsque vous serez en train de faire de la recherche de propriétés pour vos acheteurs potentiels. Cela vous évitera de transporter une multitude de gros dossiers et vous permettra de partager l'information avec votre adjointe et les autres membres de votre équipe. Tous les membres peuvent vérifier ainsi à tous les jours les nouveautés qui pourraient intéresser vos acheteurs, et ce, fréquemment et assidûment.

Donnez à vos acheteurs signe de vie régulièrement, même si vous ne trouvez pas vraiment ce qu'ils recherchent, au moins, ils sauront que vous travaillez pour eux.

(Logo) Ma compagnie X Inc.   *La méthode Immo-Succès*

SUIVI DES ACHETEURS DE: _____(Nom de l'agent)_____

NOM DU PROSPECT ET DE SA/SON CONJOINT-E	PROVENANCE DE CE CONTACT et coordonnées	CRITÈRES DE RECHERCHE	DÉLAI À RESPECTER

☑⇨ **Suivi des ventes**

Ce formulaire sert à inscrire sur une même feuille toutes les conditions et les délais qui ont trait aux ventes effectuées. Parfois, au sein de l'équipe, nous réalisons plusieurs ventes à la fois; ce formulaire nous permet de suivre adéquatement l'évolution des dossiers et de respecter les échéances. De plus, sur un grand tableau nous inscrivons aussi les échéances à venir de chacune des ventes pour assurer un meilleur suivi. Ce suivi est primordial, il permet de respecter les délais spécifiés à l'offre d'achat et de s'assurer de recevoir les documents à temps.

(Logo) Ma compagnie X Inc.

La méthode Immo-Succès

SUIVI DES VENTES

ADRESSE DE LA PROPRIÉTÉ	DATE ACCEPTATION LE:	HYPOTHÈQUE		INSPECTION		Autres conditions	ACTE NOTARIÉ LE:
		DÉLAI	NOTE	DÉLAI	NOTE		

☑⇨ **Visite planifiée**

Ce formulaire sert d'horaire de visites de mes propriétés inscrites ayant lieu au cours d'une même semaine. Il vous indiquera les visites qui seront réalisées sur toutes vos inscriptions. De plus, il vous permettra de vérifier que toutes les confirmations ont été faites, et à quelle date elles ont été effectuées.

(Logo) Ma compagnie X Inc.   *La méthode Immo-Succès*

VISITE(S) PLANIFIÉE(S)

POUR LA SEMAINE DU: _____

DATE VISITE	DATE D'APPEL	ADRESSE DE LA PROPRIÉTÉ	COORDONNÉES ⇒AGENT ⇒FIRME ⇒TÉLÉPHONE	HEURE DE VISITE	CONFIRMATION PROPRIÉTAIRE(S)	CONFIRMATION AGENT
					❏ le : / /	❏ le : / /
					❏ le : / /	❏ le : / /
					❏ le : / /	❏ le : / /
					❏ le : / /	❏ le : / /
					❏ le : / /	❏ le : / /
					❏ le : / /	❏ le : / /

-9-

Pot-pourri

de documents utiles !

☑⇨**Visite libre**

Celui-ci n'est ni plus ni moins qu'un carnet de bord des visiteurs lors d'une visite libre. Il sera ainsi facile de donner un compte-rendu à vos clients-vendeurs sur le nombre de visiteurs intéressés qui se sont présentés. De plus, si jamais cette propriété ne correspond pas exactement à ce que ces visiteurs recherchent, les coordonnées de ceux-ci vous permettront de faire un suivi ou de les solliciter si jamais vous dénichez pour eux, la propriété qui, selon vous, saura leur plaire.

Il est évident que de simples curieux se rendront à votre invitation, mais l'expérience vous fournira des opportunités intéressantes, si vous prenez la peine de mettre toutes les chances de votre côté en gardant un contact avec eux.

(Logo) Ma compagnie X Inc.   *La méthode Immo-Succès*

VISITE LIBRE AU: _____

LE: _____

NOM(S) ET COORDONNÉE(S)	CRITÈRES DE RECHERCHE
NOM : TÉL. : COURRIEL :	
NOM : TÉL. : COURRIEL :	
NOM : TÉL. : COURRIEL :	
NOM : TÉL. : COURRIEL :	
NOM : TÉL. : COURRIEL :	
NOM : TÉL. : COURRIEL :	

☑⇨ **Entête de télécopie**

Dans toute communication par écrit, il est important de donner une présentation professionnelle à nos envois. Par télécopieur, on utilisera un entête personnalisé aux couleurs de notre entreprise pour indiquer clairement les coordonnées du destinataire et le message d'accompagnement des documents télécopiés.

Rappelez-vous, c'est votre image que vous véhiculez ainsi dans tous les milieux d'affaires.

La méthode Immo-Succès

Sylvia Perreault

Agent immobilier agréé
Ma compagnie X Inc.
XXXX, boul. Principal Est
Bureau XXX, Quartier, Ville
T: (xxx) xxx-xxxx
sylvia@sylviaperreault.com
Fax: 450-661-3392

Télécopie

À: _____   **DE:**   SYLVIA PERREAULT

Fax: _____   **Pages:** Nombre de pages   y compris la page de garde

Téléphone: _____   **Date:** _____

Objet: _____

● **Commentaires:**

MISE EN GARDE: La présente communication est personnelle et est transmise sous le sceau de la confidentialité. Si vous n'êtes pas le destinataire visé ou la personne chargée de lui remettre cette communication, veuillez la détruire après nous en avoir avisés par téléphone. Notez aussi qu'il est expressément interdit de dévoiler la teneur de la présente communication, de la copier, de la distribuer ou de prendre quelque mesure fondée sur l'information qui y est contenue.

☑⇨ Mettre à jour mon carnet d'adresse

Au moins une fois par année, j'envoie un petit courriel pour confirmer l'exactitude des adresses de courriel contenues dans ma base de données. J'ai cru remarquer que mes clients changeaient d'adresse souvent que ce soit en raison de déménagements ou de nouvelles affectations à leur travail.

Ceci devient un prétexte pour les rappeler afin de m'enquérir de leur nouvelle adresse et faire un suivi avec mes **questions** [4]en mains!

---

[4] Voir le chapitre : « Les **questions** parlent pour moi ! » du Tome II.

La méthode Immo-Succès

Bonjour,

Je suis à mettre à jour mon carnet d'adresses.

Veuillez prendre un moment pour me confirmer que les informations sont exactes. Merci!

Vos coordonnées : _____

_____

Merci!

Sylvia Perreault
Agent Immobilier Agréé
Ma compagnie X Inc.
sylvia@sylviaperreault.com
http://www.sylviaperreault.com
(XXX)-XXX-XXXX

PS. Elles resteront confidentielles.

****

Hi!
 I'm updating my address book. Please take a moment to update your latest contact information. Your information is stored in my personal address book and will not be shared with anyone else.

_____
_____

Thank you!

Sylvia Perreault
Agent Immobilier Agréé
Ma compagnie X Inc.
sylvia@sylviaperreault.com
http://www.sylviaperreault.com
(xxx)-xxx-xxxx

☑➪ **Standard d'équipe**

Voici, suite à l'exemple décrite dans le Tome I, un formulaire vierge de standards à appliquer dans votre marché.

La méthode Immo-Succès

STANDARD ÉQUIPE PERREAULT

1. INSCRIPTION DE PROPRIÉTÉ MINIMUM 100K $

→ OBJECTIF: $ ET +

2. ACHETEUR →

— PRÉ-QUALIFIÉ MINIMUM :   K $

— A LA CAPACITÉ D'ACHETER DANS LES 7 À 14 JOURS QUI SUIVENT.

— A UTILISER AVEC CONFIANCE NOS SERVICES OFFERTS.

EX.: NOTAIRES, AGENTS HYPOTHÉCAIRES, INSPECTEURS…

3. NOS SECTEURS (SECTEURS PRÉFÉRÉS):

Secteur : _____

Ville :_____Quartier : _____

Secteur : _____

Ville :_____Quartier :_____

→ SI CLIENT DANS AUTRE SECTEUR, IL SERA ALORS RÉFÉRÉ À UN AGENT

COLLABORATEUR.

☑⇨ **Le credo de l'agent immobilier**

Ce credo du vendeur existe depuis toujours. Il y a plusieurs et différentes versions qui existent, soit en français ou en anglais récupéré soit dans de vieux livres sur l'immobilier et encore sur certains sites de courtiers et agents immobiliers. Je vous transmets ici une version rajeunie et basée sur la philosophie de ce livre.

Et en final… et non le moindre.

☑⇨ **LES ACTIONS EFFECTUÉES PAR L'AGENT-INSCRIPTEUR POUR VENDRE**

J'aimerais sincèrement remercier monsieur François Léger, Sutton Laurentides de m'avoir si généreusement permis de vous rajouter ce texte qui vous permettra de justifier et souligner vos actions.

J'espère qu'il vous aidera comme moi à inscrire avec plus de confiance et détermination !

Merci à tous et bon IMMO-SUCCÈS !

La méthode Immo-Succès

LE CREDO DE L'AGENT IMMOBILIER

Je suis fière de ma profession et de mes confrères et consœurs courtiers et agents immobilier.

Je travaille efficacement et diligemment sans perdre de vue que moi et ma famille sont les raisons pour lesquelles je me dois de réussir.

Je prends congé tous les vendredis, par exemple, et réfère mes appels à _____ me réservant ainsi du temps libre pour moi-même et ma famille. Sauf en cas d'offres, je m'accorde aussi les mardis entre 16h00 et 22h00.

Je traite mes affaires d'une façon professionnelle et, chaque année, au début de janvier, je planifie mes 8 semaines de vacances bien méritées. Et si pendant cette période, j'effectue une vente, c'est la preuve que mes affaires marchent bien.

Les inscriptions sont de l'or, et c'est de plus en plus vrai de nos jours. Mes inscriptions représentent 70 % de mes transactions, ce qui me laisse avec des acheteurs et la tranquillité d'esprit. Chaque année, à tous les 3 mois, par un envoi ciblé, je concentre mon attention sur mes anciens clients. D'année en année, j'augmente le nombre de mes contacts et références. J'aime l'immobilier parce que je suis responsable de ma réputation.

J'amène des améliorations à ma présentation d'inscriptions tous les trois mois, et je vérifie son efficacité en l'enregistrant ou en demandant l'aide d'un collègue. J'augmente ma valeur en suivant des activités de formation qui améliorent mon professionnalisme. Je suis fière de mon image et de l'image du courtier pour qui je travaille. Je suis persuadée que moi, mon courtier et/ou mon bureau est la meilleure compagnie immobilière, et je réalise que je dois les vendre au propriétaire vendeur avant d'aborder la question de prix, car en "l'absence de valeur", le prix est la seule chose qui intéresse le vendeur. Les champions et les agents émérites se servent toujours de cette technique et je me dois de faire de mon mieux pour ma famille. J'obtiens 80 % de toutes les inscriptions possibles et, puisque mon temps est précieux, je vérifie toujours, par téléphone, ce qui motive un vendeur. En moyenne, ma commission est de _____%

Je passe une heure par semaine à fignoler mes compétences, à répéter les **questions** 🔑 [5] et pratiquer les techniques de réponses aux objections et les revoir avec mes collègues. Étant intelligent, l'expérience m'a appris que les champions répètent et pratiquent jusqu'à ce qu'ils deviennent inconsciemment compétents.

Je prends modèle sur _____. Il/elle obtient toujours 7% comme rétribution. Je le dois à mes enfants d'être à la hauteur et, en négociant adéquatement, l'année prochaine, je pourrai les amener en vacances.

Je réaffirme mon identité quotidiennement par la pensée positive, les affirmations et la méditation.

Ma tenue vestimentaire reflète qui je suis et de quelle façon j'aime être perçu et traité. Après une longue journée de travail et des heures coupées, mon apparence demeure importante, car elle affecte ma perception de moi-même. Je suis fière d'être un agent ou courtier immobilier.

Afin de bien administrer mes affaires, j'occupe plusieurs postes: administration, département des ventes, service à la clientèle, marketing et prospection. Mes tâches sont bien définies et, selon mon rôle, je sais à l'avance ce qui doit être accompli et quand. J'ai des procédures qui me font gagner du temps.

Lorsque je me présente à mon bureau, c'est dans un but très précis et, étant président de ma compagnie, j'accomplis mon travail avec le moins de distraction possible.

Tous les jours, durant 30 minutes, je lis quelque chose de nouveau qui se rapporte à l'immobilier tel que les communiqués de mon association, de ma chambre immobilière ou de la SCHL et à chaque jour alternatif, j'apprends quelque chose qui se rapporte à l'immobilier.

Je suis toujours ponctuel et, si toutefois je devais être retardé, j'en avertis toujours mon client. J'agis envers autrui de la façon dont j'aimerais être traité. Pour moi, la courtoisie est primordiale.

Étant professionnel, je traite mes affaires et mes clients en conséquence. Je les appelle toujours pour connaître leurs réactions, et ce, sur une base régulière.

---

[5] Voir le chapitre : « Les **questions** 🔑 parlent pour moi ! » du Tome II.

Je demande au moins 5 fois à un vendeur et/ou acheteur pourquoi il veut vendre ou acheter. Ce qui me permet de déterminer sur une échelle de 1 à 10 qu'elle est sa motivation. Plus j'obtiens de 8, 9 ou 10, plus je suis rassuré sur ses intentions. Si j'obtiens des 1, 2 ou 3, je réalise que je dois faire plus de prospection pour trouver des vendeurs/acheteurs sérieux. De connaître leurs besoins me permet de pouvoir les servir adéquatement. Ça marche pour eux. Ça marche pour moi. Ça marche pour les autres. Je trouve toujours un moyen de vraiment savoir.

J'aime faire équipe avec mes clients, car je suis agent immobilier pour aider les autres et bâtir, à long terme, des affaires qui ont leur utilité. Je crois fermement que l'on récolte ce que l'on sème. J'apprécie énormément la chance de travailler dans un cadre agréable où je puis offrir ma contribution.

Je suis fière d'être agent immobilier!

LES ACTIONS EFFECTUÉES PAR L'AGENT-INSCRIPTEUR POUR VENDRE

1) Préparer et envoyer le kit de présentation en vue d'une rencontre avec le vendeur.

2) Effectuer une première rencontre avec le vendeur afin de visualiser l'immeuble et lui conférer quelles sont les conditions de la mise en marché.

3) Préparer et présenter l'analyse comparative du marché en effectuant des recherches nécessaires.

4) Présenter au vendeur votre plan de commercialisation, avec ou sans garantie, en illustrant de tout avec des exemplaires pour l'ensemble des médias utilisés (voir le cartable de présentation).

5) Écrire une note d'appréciation et de remerciement au vendeur suite à cette première visite.

6) Effectuer une « visite inspection » de l'immeuble dans le but d'effectuer des recommandations préalablement à la mise en marché. « Home Staging ! »

7) Le cas échéant, obtenir des soumissions pour des travaux esthétiques préalablement à la mise en marché.

8) S'il y a lieu, revenir sur place afin d'inspecter ces travaux et de prendre de nouvelles photographies.

9) Rechercher et obtenir les documents permettant de démontrer la véracité et l'exactitude des données apparaissant à la fiche technique.

10) Effectuer les recherches sur le site www.registrefoncier.gouv.qc.ca afin de s'assurer qu'il n'y a pas d'inscriptions adverses, de découvrir, le cas échéant, les servitudes et d'obtenir une copie du plan de cadastre.

11) Rédiger la liste d'inventaire des inclusions et des exclusions et remettre une copie au vendeur.

12) Le cas échéant, obtenir par écrit tous les détails concernant les items qui font l'objet d'une location.

13) Compléter avec le vendeur le formulaire « déclaration du vendeur » et recueillir l'ensemble des documents justifiant ces déclarations.

14) Sensibiliser le vendeur sur le bien-fondé d'effectuer une inspection pré vente (à cet effet, présenter les formulaires de « convention d'inspection » et de « normes d'inspection en bâtiment »).

15) Préalablement à la signature du contrat de courtage remettre un exemplaire des différents formulaires et les réviser avec le vendeur.

16) Présenter au vendeur l'état du marché avec statistiques écrites pour appuyer le tout.

17) Rédiger et faire signer le contrat de courtage et revoir avec le vendeur la procédure concernant les visites éventuelles.

18) Au moment de la prise du contrat de courtage, se procurer, auprès du vendeur, une clé de son immeuble, en faire un double et s'assurer de son fonctionnement, aussi, s'il y a lieu, obtenir les détails du système de sécurité.

19) Lors de la prise du contrat de courtage, obtenir du vendeur l'ensemble de ses documents, en faire des photocopies. Dans le cas de documents importants qui manquent, effectuer les recherches nécessaires afin de les obtenir.

20) Produire un document écrit pour le vendeur lui indiquant quels seront les frais additionnels qu'il risque d'encourir suite à la vente de son immeuble.

21) Rédiger une fiche technique et en réviser son contenu.

22) Effectuer les vérifications d'usage.

23) Vérifier urbanisme et zonage.

24) Mesurer les pièces et le bâtiment.

25) Récupérer le certificat de localisation (ou effectuer les recherches pour en commander un nouveau).

26) Récupérer par écrit tous les détails concernant le financement hypothécaire.

27) Prendre les photographies intérieures et extérieures (en s'assurant préalablement des meilleures conditions) et les faire développer.

28) En ce qui concerne les photographies extérieures, voir à les remplacer en fonction des saisons.

29) Publier ces photographies sur le service inter agence.

30) Publier ces photographies sur différents sites Internet.

31) Vérifier auprès du site www.sia.ca que les informations y apparaissent adéquatement.

32) Effectuer ces mêmes vérifications auprès des autres sites Internet.

33) Effectuer la saisie à la source auprès du service inter agence.

34) Informer le vendeur de l'existence du contrat de courtage achat et le prévenir que certains acheteurs pourraient en avoir conclu un avec leur agent.

35) Lors de la prise du contrat de courtage, discuter avec le vendeur de la pertinence de vendre son immeuble en incluant (ou non) la garantie légale.

36) Poser et entretenir l'écriteau à vendre (incluant des directionnelles).

37) Rédiger différentes annonces publicitaires.

38) Placer ces publicités dans les différents médias.

39) Vérifier que la photographie apparaisse dans les différents médias ainsi que sur les présentoirs.

40) Assurer que le vendeur a reçu un exemplaire de la fiche technique S.I.A.®/M.L.S.®.

41) Acheminer au vendeur une copie des différentes annonces publiées.

42) Recevoir et répondre à tous les appels d'information ainsi qu'aux demandes de visites pour l'immeuble en question.

43) Pour les demandes d'informations, faire parvenir au demandeur les documents pertinents.

44) Faire visiter l'immeuble à tous les acheteurs.

45) Si requis par le vendeur, être présent à l'immeuble au moment où l'agent collaborateur désire faire visiter son acheteur.

46) Communiquer avec les agents collaborateurs afin de connaître les impressions et commentaires de leur client suite à la visite.

47) Communiquer au vendeur le compte-rendu suite à chaque visite par des acheteurs.

48) Vérifier avec l'occupant des lieux (si ce n'est pas le propriétaire vendeur) si la visite peut être effectuée.

49) Le cas échéant, confirmer à l'agent collaborateur que la visite peut être effectuée tel que requise (soit l'autorisant à se présenter sur les lieux, soit en lui remettant les clés et/ou le code du système d'alarme).

50) Rendre compte régulièrement au vendeur, soit verbalement (en personne ou au téléphone) ou par écrit (courriel ou autrement) de l'évolution du dossier et apporter, s'il y a lieu, les correctifs qui s'imposent.

51) En ce qui concerne les modifications aux conditions de la commercialisation, consigner celles-ci par écrit sur un formulaire « MO » en s'assurant de communiquer celles-ci aux différentes banques de données.

52) S'il y a lieu, acheminer une invitation de visites pour l'ensemble des courtiers et agents actifs dans le territoire. (Visite de courtiers)

53) Planifier, organiser et effectuer une visite des lieux durant la caravane.

54) S'il y a lieu, planifier et organiser une (ou plusieurs) visite libre pour le grand public en installant à l'avance des écriteaux et en annonçant celle-ci adéquatement.

55) Au moment de la rédaction d'une promesse d'achat (et de ses annexes), si vous êtes l'agent collaborateur, rédiger celle-ci en s'assurant de bien consigner par écrit toutes les volontés de l'acheteur.

56) Dans le respect du code de déontologie et dans l'intérêt du vendeur, informer les autres agents et/ou les autres acheteurs de l'existence d'une première promesse d'achat.

57) De déplacer physiquement pour assister le vendeur lors des négociations.

58) Une fois la (ou les) promesse(s) d'achat présentée(s), après le départ de l'agent collaborateur, revoir le contenu complet de la dite promesse d'achat et de ses annexes avec le vendeur et le conseiller quant aux actions à prendre.

59) Le cas échéant, rédiger la (ou les) contre-proposition(s) et la (ou les) communiquer à (ou aux) l'agent(s) inscripteur(s).

60) Dans l'éventualité d'une acceptation de la promesse d'achat, communiquer celle-ci au vendeur (ou à l'acheteur, via son agent) en s'assurant de la signature de l'accusé réception.

61) Dans l'éventualité d'une acceptation de la promesse d'achat, le cas échéant, voir à obtenir l'acompte et à le déposer dans le compte bancaire approprié.

62) Après que la promesse d'achat ait été acceptée, dans l'éventualité d'une impasse ou d'un problème, faire le nécessaire pour « sauver » la transaction.

63) Si désiré, aviser le service S.I.A.®/M.L.S.® qu'il y a sur l'immeuble en question une « PAC » (promesse d'achat conditionnelle).

64) Communiquer à l'interne le fait qu'il y a une promesse d'achat acceptée.

65) Suite à l'acceptation de la promesse d'achat, effectuer le suivi concernant la réalisation des diverses conditions.

66) S'il y a lieu, une fois la promesse d'achat acceptée, voir à la production dans le délai requis du nouveau certificat de localisation et conseiller le vendeur quant au choix de l'arpenteur.

67) Dans l'éventualité d'un nouveau financement hypothécaire, si applicable, faciliter l'accès des lieux à l'évaluateur et voir à lui fournir des comparables récents.

68) Coordonner l'inspection en bâtiment, être disponible durant celle-ci et s'assurer de sa réalisation.

69) Dans le cas de conditions à réaliser autres que le financement et l'inspection, s'assurer de la réalisation de celles-ci en rédigeant ou obtenant les documents requis.

70) Au moment de la réalisation de la condition de financement, s'assurer de bien examiner la lettre d'engagement du prêteur hypothécaire afin qu'elle ne comporte aucune condition.

71) Au moment opportun, acheminer l'avis de vente au service S.I.A.®/M.L.S.® et poser la mention « vendu » sur l'écriteau.

72) Obtenir du vendeur les documents dans leur version originale et remettre ceux-ci soit à l'acheteur ou au notaire instrumentant.

73) En tout temps, conseiller le vendeur sur les actions à prendre lorsqu'un problème survient.

74) Avec le vendeur, coordonner la signature de l'acte notarié.

75) Avant la tenue de l'acte notarié, obtenir pour le vendeur, une copie « projet » de l'acte de vente et en faire l'examen avec ce dernier.

76) Offrir assistance au vendeur concernant le déménagement à venir ainsi que les conséquences de celui-ci.

77) Si demandé, permettre à l'acheteur, à sa famille et à ses amis de revoir les lieux avant la signature de l'acte notarié.

78) Assister à la signature de l'acte notarié.

79) Une fois l'acte de vente conclut, s'il y a lieu, voir à récupérer auprès du notaire instrumentant, le chèque destiné au vendeur et le délivrer à celui-ci.

80) Au moment de la signature de l'acte notarié, voir à retirer l'écriteau « à vendre ».

Source : Séminaire « Votre rétribution : Vous la méritez ! »
François Léger, Ing. Agent Immobilier agréé
Formateur au Collège de l'immobilier du Québec

Abréviations

Vous trouverez, ci-après, la liste des principales abréviations utilisées dans le domaine de l'immobilier et leur signification respective, mais sachez que cette liste n'est aucunement exhaustive. Elle vous sera utile pour la compréhension de certains de mes formulaires.

Plusieurs de ces abréviations sont utilisées pour raccourcir les textes de nos messages annonces publicitaires, et ce, afin d'en minimiser le coût qui est souvent facturé à la ligne. Par ailleurs l'emploi excessif celles-ci rend parfois la compréhension de vos annonces ardue pour les consommateurs! N'en abusez pas!

Abréviations courantes

ABRÉVIATIONS	SIGNIFICATION	ABRÉVIATIONS	SIGNIFICATION
A/C	Air climatisé	Mtre.	Mètre(s)
Al.	Aluminium	Mezz.	Mezzanine
App.	Appartement	Mun.	Municipal (en ce qui a trait aux taxes)
Approx.	Approximativement (très utilisé pour la dimension des pièces)	Nég.	Négociable
Bung.	Bungalow(s) (Plein pied: pl.pied maintenant)	Occ.	Occupation
Ch. ou Cac.	Chambre à coucher	Pce.	Pièce
Ccp.	Chambre à coucher principale	Pi car.	Pied carré
Condo.	Condominium	Pi.	Pied(s)
Const.	Construction	Pl.	Place (3 pl. de stat.)
Cott.	Cottage	Pte.	Porte
Crtr	Courtier	Poss.	Possibilité
Dét.	Détaché (Cottage détaché: cott. dét.)	Proprio.	Propriétaire
Éval.	Évaluation	Réf.	Référence
Ext.	Extérieur	Réno.	Rénové
Hyp.	Hypothèque	Rés.	Résidentiel
Imm.	Immédiat (concerne « normalement » l'occupation des lieux tels qu'Occ. Imm.)	Rev.	Revenu
Imm. R.	Immeuble (Imm. à revenus)	R.-de-ch.	Rez-de-chaussée
Incl.	Inclus	RDV	Rendez-vous
Inc.	Incorporé (Compagnie ABC Inc.)	Rte	Route
Inf.	Information ou infos dépendant du sujet	S/bain/ Sdb	Salle de bain
Int.	Intérieur	S/eau/ Sde	Salle d'eau
Jum.	Jumelée ou voir S-d. Semi-détaché	S/dét. Jum.	Semi-détaché
Lav.-vaiss.	Lave-vaisselle	S/dîner	/Din.
Lav./séc.	Laveuse/sécheuse	S/fam / Sfm	Salle familiale
Loc.	Locataire ou location dépendant du sujet	S/jeux / Sdj	Salle de jeux
Log.	Logement	S/manger/ Sam	Salle à manger
Mtre car.	Mètre carré	S/sol	Sous-sol

www.ingramcontent.com/pod-product-compliance
Lightning Source LLC
Chambersburg PA
CBHW080544220326
41599CB00032B/6360